GELDMACHT CHINA

货币帝国

[德] 弗朗克·泽林 著

陈瑛 译

中国将成为货币大国，它不仅改变自己，而且改变世界。

中国青年出版社

序

  弗朗克·泽林作为一个德国人，深入观察中国人民币国际化的问题，写得深入浅出通俗易懂。从我作为一个中国经济金融学家的角度看，这本书是非常值得读者阅读的一本书，可以作为一本很好的经济学科普读物，是一本关于人民币国际化的畅销书。

  人民币的国际化是历史的潮流和国家发展的机遇。

  作者先从货币史的角度简述了世界货币的发展历程，从西班牙银元、英国英镑到美国美元，以及目前世界货币多极化的过渡期，作者特别强调中国的发展是史无前例的。现在，中国正尝试着将人民币作为国际支付手段与欧元、美元和日元并驾齐驱。这一发展趋势正方兴未艾，因为它的竞争对手们疲于应对各自的困境：欧元区面临着自它成立以来最大的矛盾期；美国正忙着应付巨大的债务问题；日本因为受地震、海啸和核污染影响在未来数年内处于疲软状态。作者弗兰克·西亨在书中生动地描述了中国正在如何有针对性地采取措施，深化金融体制改革，健全促进宏观经济稳定、支持实体经济发展的现代金融体系，加快发展多层次资本市场，稳步推进利率和汇率市场化改革,逐步实现人民币资本项目可兑换,加快步伐让人民币成为新的世界货币。这会给中国金融市场的改革和发展带来很大的促进作用。

20 世纪八十年代,处在经济发展鼎盛时期的日本人没能成功地把日元打造成世界货币,在 21 世纪的第一个十年中,欧洲人也只是稍成气候,而现在却离这个目标越来越遥远,现在轮到中国人来施展抱负了,中国显然还不想操之过急。

中国准备对世界开放它的货币,同时要防范难以预料的货币动荡带来的风险,但发展方向是明确的:金融体系国际化,市场竞争将起到核心作用。中国现在想要的是一个与实体经济紧密结合的市场化金融体系,游戏规则严格而明确,但无论如何不能威胁到经济的稳定。作者特别指出促进人民币国际化未来要做的是建立足够大的国际债券市场。

中国从历史中得到的教训是:一个国家的货币不仅决定经济的成败,而且决定政治家乃至国家民族的生死存亡。对于中国新一届政府来说,推进人民币国际化的意义无比巨大。人民币如果不实现国际化,中国就不能实现到 2020 年中国人均收入翻一番的目标。中国将成为货币大国,将不仅改变自己,而且改变世界,这正是本书的主旨。

作者既了解中国的历史也熟悉中国当代经济改革的进程,在书中详实地引述了朱镕基、周小川、胡舒立等人的观点,增加了该书的历史性和可读性。如,1987 年朱镕基在亚洲金融危机中亚洲其他国家货币贬值如山倒、如排浪的恶劣形势下坚定提出人民币不贬值的政策。人民币做了中流砥柱,并因此奠定了人民币作为亚洲地区货币的信誉基础。

　　国际金融中心正在从纽约向亚洲方向迁移。现在新股上市最多的地方是亚洲，而不是美国。连日本央行都已经开始储备人民币，日本的商业银行正计划发行人民币债券。作者还风趣地说："欧洲人与其操心希腊人是否刻苦工作，还不如关注一下中国的人民币(国际化)动态。"

　　作者清楚地认识到人民币国际化很受欢迎，如果绕道美元既麻烦又昂贵。现在就可以预见，石油输出国组织 OPEC 迟早有一天不再用美元，而用人民币确定油价，那可是它最大客户的货币。

　　据英国汇丰银行(HSBC)的估计，到 2015 年，中国的大额外贸交易中将有一半直接以人民币结算。作者在看到这种欣喜发展的同时也指出，在走向人民币国际化的进程中只做大国际贸易货币是不够的，还要成为投资货币、债券货币，即金融市场货币，到这个时候人民币才能算得上是真正的世界货币。

　　作者明眼看出，长久以来，中国政府在其货币周围筑起了高高的防护堤，就像中国皇帝曾经筑起长城抵御外来侵略一样。中国人一直想防止外国人的短期买卖行为给国家带来危险。为了逐步实现人民币可自由兑换，现在中国在货币周围的长城中凿开了很多通道。

　　作者展望未来世界货币格局，认为西方必须彻底适应人民币的发展趋势。在如今被称为红钞的人民币的映衬下，美元绿钞将会蒙上些许浪漫的怀旧色彩，而欧元至多争取个成绩平平，俄国卢布、巴西里亚尔和印度卢比在多极金融秩序中也会占有一席之地，但远不能与人民币平起平坐。

　　人民币的发展是历史使然、发展使然、改革使然，也是史无前例：新的世界货币不再来自西方，而来自亚洲，全世界经济实力最强、人口最多的地区,那才是世界货币本该归属的地方。

中国有句谚语:三十年河东三十年河西,现在到了人民币发展的阶段。弗兰克·西亨是一位畅销书作者,也是位中国问题研究专家。长期生活在北京专注于对中国的研究,被称为"德国最出色的中国通之一"。他在书中,表现出了专业观点,对事件的描述,人物的引用都非常准确。

景学成

目录
CONTENT

前言

2012 年 11 月中国共产党第十八次全国代表大会在北京召开。十八大报告强调"着力激发各类市场主体发展新活力。"首先要加强"开放型经济发展",其目的是"扩大消费需求。"其中一些内容对于中国乃至全世界都很重要，所以值得全文引用："深化金融体制改革，健全促进宏观经济稳定、支持实体经济发展的现代金融体系，加快发展多层次资本市场，稳步推进利率和汇率市场化改革，逐步实现人民币资本项目可兑换。"

这些内容一旦实现,那就是轰动世界的大事：
一种新的世界货币诞生了：人民币。

100 年来无此先例。20 世纪八十年代，处在经济发展鼎盛时期的日本人没能成功地把日元打造成世界货币，在 21 世纪的第一个十年中，欧洲人也只是稍成气候，而现在却离这个目标越来越遥远了，现在轮到中国人来施展抱负了，而他们是大有希望的。中国的领导人显然还不想操之过急，虽然要"加快发展民营金融机构"，但同时也要"完善金融监管"。

北京准备对世界开放它的货币，同时要防范难以预料的货币动荡带来的风险："推进金融创新，……维护金融稳定。"但发展方向是明确的：金融体系国际化，也可以说是西方化。市场竞争将起到核心作用。中国现在想要的是一个与实体经济紧密结合的市场化金融体系，游戏规则严格而明确，无论如何不能威胁到经济的稳定。他们的格言是：投资可以，猖狂投机不行。这样的计划落到任何一个德国中产者手中，他都会立即签署，而且也很适于作为美国总统贝拉克·奥巴马最后任期内的家庭作业。

对于新一届政府来说，金融改革的意义无比巨大。有一点是肯定的：人民币如果不实现国际化，中国就不能实现到 2020 年中国人均收入翻一番的目标。中国将成为货币大国，这个中心帝国将不仅改变自己，而且改变世界，这正是本书的主旨。

人民币在世界上登台亮相的时机由不得中国人自由选择，美国的巨额债务和欧洲危机迫使他们不得不加紧行动。他们再也不想，其实是再也不能依赖西方了。北京的领导层必须立即行动起来，尽管他们自己是想从从容容缓步进取的。

怎样建设一种世界货币？中国人的做法与他们的前任美国人和英国人有什么不同？新的世界货币对我们的金融体系将产生什么样的影响？最重要的：我们要面临哪些变化？这些就是本书将要回答的重要问题。

当我们西方人还在盘算如何防御的时候，中国已经自行其是了。人民币崛起的起点很低，所以我们常常低估其飞速的进步。这种货币甚至还不能自由交易，可是在巴黎的老佛爷百货商场和泰国海滩上已经可以支付人民币了。直接用人民币结算的贸易业务越来越多,因为亚洲人、非洲人或南美人不乐意再走一道麻烦的程序,将自己的货币先兑换成美元。

国际金融中心正在从纽约向香港方向迁移,虽然缓慢,却细水长流。现在新股上市最多的地方在亚洲,而不在美国。连日本这个世界第三经济大国和中国最大的政治凤敌都已经开始储备人民币了。我们欧洲人与其操心希腊人是否刻苦工作,还不如关注一下中国的人民币动态。

与此同时,中国人的自信心也日益高涨。"美元作为主导货币已经过时了",以美元为主导的国际货币体系是"旧时代的产物"。

当时华尔街还有很多人嘲笑中国人过于自信了,现在他们再也笑不出来了,都在争取分一杯羹,伦敦之所以成为香港和新加坡之后首个国际人民币中心,不是没来由的。

新货币很受欢迎:德国有很多中产者从中国购买零部件,生产的产品又销往中国,如果在工作中可以使用人民币,对他们是特别有利的,因为绕道美元既麻烦又昂贵。新领导们认识到了这一点,所以与外国客户联起手来,慢条斯理而又坚持不懈地压制美元,一个划时代的巨变就此开始了。现在就可以预见,石油输出国组织OPEC迟早有一天不再用美元,而用人民币确定油价,那是它最大客户的货币。

假如西门子在美国投资100亿元人民币,我们在德国谈论此事时不以为奇,神情自若,并且完全能够想象那到底是多少钱,或者瑞士联合银行(瑞银集团 UBS)在法兰克福向德国企业发放人民币贷款也成为自然而然的事,到这个时候人民币才能算得上是真正的世界货币。

长久以来，简直太久了，中国政府在其货币周围筑起了高高的防护堤，就像中国皇帝曾经筑起长城抵御外来侵略一样。中国人一直想防止外国人的短期买卖行为给国家带来危险，就像20世纪九十年代末亚洲危机中泰国和韩国发生的事，所以迄今为止他们最重要的原则是：人民币在国际上不可自由交易。如果在法兰克福机场的银行窗口拿出人民币，那是换不来欧元或美元的，在国际交易所里也不能买卖人民币。人民币的币值与一揽子货币政策紧紧挂钩，其中美元分量最重，但政府没有透露这些货币政策的主要成分。1元钱人民币能兑换多少美元、欧元或日元，全由北京说了算，过去是越少越好，因为货币便宜了，本国产品在外国市场上才能便宜，所以现在的出口世界冠军不再是德国，而是中国了。

　　但是现在中国人在货币周围的长城中凿开了很多通道。据古老而尊贵的英国汇丰银行（HSBC）的估计，到2015年，中国的大额外贸交易中将有一半直接以人民币结算。

　　华盛顿甘心失势吗？它会如何反击呢？用贸易保护主义？还是军事威胁？中国人将如何从疲弱的西方获利？像美国人在“二战”时无情地讹诈疲弱的英国人一样？在约翰·梅纳德·凯恩斯大师的提议下，英国人曾梦想一种超国家的世界货币，游戏规则由他们来定，但是战争耗尽了他们的实力，为了得到美国的贷款，他们不得已在布雷顿森林协定上签了字，这个协定给美国带来了莫大的利益，同时也封固了昔日世界霸主和英镑的终结。那么哪个协定又能封固人民币对美元的优势地位呢？

　　有一点是肯定的：西方必须彻底适应。美国人的金融不干涉主义北京大概是不会赞成的。货币业务将与实体经济结合得更紧密，而中国将把责任摊派给多个肩膀，——当然是在其领导之下。在如今被称为红钞的人民币的映衬下，美元绿钞将会蒙上些许浪漫的怀旧色彩，而欧元至多争取个成绩平平，俄国卢布、巴西里亚尔和印度卢比在多极金融秩序中也会占有一席之地，但远不能与人民币平起平坐。

美国人在20世纪末放松了世界金融体系的缰绳，这是何其天真。他们怎么敢对市场不加约束，听其自便呢？魔法师的学徒现在哀声连天，金融史上的大冒险已经启动了，虽然还远远没到非如此不可的时候。

史无前例：新的世界货币不再来自西方，而来自亚洲，全世界经济实力最强、人口最多的地区，那才是世界货币本该归属的地方。

弗朗克·泽林

2013年1月

第 *1* 部分

货币作为增长引擎

"货币政策"听来很抽象,很费解,好像是各国政府和中央银行在密室中炮制出来的高深莫测的策略,可又很容易受到投机分子们的破坏,至少乍听之下,我们会觉得它距离我们的日常生活非常遥远,可事实上,货币政策左右着我们的大部分生活。不论是去超市买水果,还是分期付款买辆新车,价格都会受到货币政策的影响,如果贷款的话,还贷利率也会随之波动。我们的日子过得好不好,在很大程度上取决于货币政策。

　　货币政策与一个国家的文化传统以及正反两面的历史经验都密切相关,其间千丝万缕的联系不是一眼就能看得出来的,如果推行得当,它能富国富民,保障高质量的生活水准,如果推行失当,它将导致整个国家走向破产。一个国家自身的特点,例如人口数量、地理位置、经济发展水平等,对货币政策的形成都有着至关重要的影响。同时,货币政策也是国际权力斗争的武器。无视这一切因素的货币政策理论在实践中是很难行之有效的,可令人惊讶的是(事实往往就是如此)老牌发达国家的央行行长们就爱把他们的货币政策理论作为唯一的绝对标准去衡量一切，他们以为这样就能保持稳固，而后来崛起者却更能够在变化多端的实践中随时调整应变。

中国在这方面的具体表现是：中国人利用发达国家的衰退，凭借灵活的货币政策为自己的经济发展谋取利益。当西方国家还在讨论某个招数理论上是否可行时，中国人已经自行其是并且改善了自己的处境。他们推行的货币政策目标很明确，就是旨在刺激中国的经济增长。北京的财政策划者们在很多方面都偏离了教科书的理论和西方所固守的观念，尽管如此，或许也正因为如此，他们成功了。

不论西方愿意还是不愿意，在涉及国际货币体系的事务中，中国现在已经占有了自己的一席之地。中国周围聚集的同盟者越来越多，而且不仅来自亚洲，长久以来，这些盟友被西方牵着鼻子，饱受制约，现在他们很高兴有了一个备用选择，而这首先惹恼了一个国家：美国。

现在，中国货币政策的根基就是紧紧盯住美元，这让美国人大为恼火。他们对中国人横加指责，说他们弄虚作假，人民币币值过低，而这些指责也并非全无道理。美国人一再要求人民币升值。他们还指责中国人为地降低物价，捣毁了美国的就业市场。事实确实如此，中国还有贫困人口，需要的财富多多益善，为了向全世界推销尽可能多的"中国制造"，中国人想尽一切可能的办法，再也没有人能阻止这个势头的发展。但是对于西方来说，尤其是对于美国来说，现在出现了一线希望。正如我们将会在本书中看到的那样，在不太遥远的将来，即便出于对国内经济的考虑，为中国自身的利益，人民币也可能会升值。但现在还不到时候，最重要的一点：只有当中国人自己情愿的时候这才能变成现实。

四大制胜法宝——中国经济奇迹的基础

要想理解中国的货币政策，必须首先明白中国经济奇迹的基础，那就是低工资、无比巨大的国内市场，以基础设施和教育投入为重点的松紧适度的财政预算，以及长期的经济规划。

西方人总是爱以中国的低工资为出发点分析情况，他们骂中国人"工资倾销"。发达工业国家的逻辑是：中国有这么多人在找工作，所以以这么低的工资可以完成生产，可国际竞争者就难以效仿了。还有一种常见的责难是，这个国家的腐败分子们将钱大都装进了自己的腰包，他们剥削无力反抗的民众，以当地的价格生产，却以国际价格出售，就这样他们还要人为地保持低币值，这在国际竞争中造成了加倍的不公。

当然，这与事实是有出入的。因为西方的庞大需求，中国人自己的消费又日渐增长，中国的劳动力已日趋紧缺。国家时不时地会提高最低工资标准，而这也并没有对中国的国际竞争力造成多大的损害。珠江三角洲是最重要的外贸生产工业区之一，在那儿，未经培训的非技术工人的工资已从 2002 年的 50 美元上涨到了 250 美元以上，比邻国越南的工资翻了一倍都不止。

尽管如此，中国的生产规模还是越来越大，这与西方不无关系，西方国家自身的问题使得机会落入中国人之手。工业国家的市场已经饱和，民众什么都有了，向顾客推销他们所没有的东西，这早已不是主流了，虽然顾客们已经有了一件器具或衣服，可卖家们还在争先恐后地推销新的器具或衣服，他们可以以新技术、新款式,尤其是更为低廉的价格说服迟疑不决的顾客,Aldi&Co.(德国一家以经营食品为主的超市)就是这样成功的,还有 Saturn(德国电器连锁店)也以其"齐啬一级棒"的销售策略获得了突破。

中国人充分利用了西方国家物价的螺旋形下降。虽然工资上涨了,可他们还是能够按时完成大量的生产,成本低廉,并能保证质量,几乎没有任何一个别的国家能做到这一点。所以,工业中的各行各业纷纷从发达的高薪国家迁往中国,就纺织业而论,这个国家的产量超过全世界总产量的 37%,而像 iPhone 和 iPad 这样最现代化的技术产品的制造全都是在那儿完成的。

现在,生产迁移的趋势也许有所放缓,可对于很多企业公司来说,中国还是不可或缺的,这一方面是因为很多企业集团不想放弃长期以来建立的业务关系,另一方面也是因为中国有个比其他发展中国家都更为优越的条件,那就是全世界拥有客户数量最多的国内市场,而这也是中国能够获得成功的第二个因素。很多生产商将他们在中国生产的产品不仅打入了国际市场,而且也打入了当地市场。13 亿的人口总数和大约至少 1 亿 6 千万人组成的中间阶层,是一个多么诱人的销售市场,这个市场之大,现在就已经达到德国市场的两倍了。

同时,西方市场不景气,而印度等其他新兴市场国家的消费也没有那么旺盛,这又格外加强了中国人的地位,他们可以要求入场费了。事情往往是这样的:西方企业必须向中国人转让一部分技术,而且只能购买当地出产的配件。在很多领域中,外国人不允许在中外合资企业中占有多数份额,有时甚至连生产地也要由中国当局决定。在如此不利的条件下,投资中国还是有利可图,所以大多数人都容忍这些限制。

眼前利益最大化的夺目光彩掩盖了长期的不良后果：西方向中国传授技术知识和管理经验，亲手为自己培植了一个竞争对手。精明能干的资本主义先驱如此行事，正说明了中国市场的重要性，任何一个世界级的大企业都损失不起几百万的潜在新顾客，市场竞争本是我们自己的手段，现在中国人以其人之道还治其人之身。

西方的康采恩每天都要瞄一眼股市行情，所以只考虑眼前利益，而中国政府想什么、做什么都以长久利益为重，这是令人非常惊奇的。中国人不挥霍、不浪费，把收入积攒起来，为困难时期做好准备，为了不失去独立性，他们尽量少在国际上借债。中国人宁可走得慢一点，不论国家还是个人家庭都是这样，世界上没有一个地方的家庭储蓄率能与中国相比，他们每挣一块钱就要存起30%到50%，计算方法不同，数字会有偏差。

国家用钱也很谨慎。中国加大投入建设基础设施，以继续提升自己的竞争力。1990年高速公路还只有2000公里左右，现在已超过65000公里，同时铁路从53400公里增加到120000公里，2008年到2012年间建造了33个新机场（现在共有180个机场，而德国只有39个）。上海、天津、宁波等地都为海外贸易扩建了港口，青岛建起了世界上最大的港口。北京的新机场年客流量达1.3亿人次，差不多是欧洲最大机场希思罗机场的两倍，但是这样的基础设施从规划到开张耗时几乎不超过4年。虽然也有些基础设施做得不好，但绝大多数都有利于经济增长。

另外，政府还加大教育投资，教育在儒家传统中享有崇高的地位。中国实行九年制义务教育，80%以上的学生在这之后还会继续深造。中国国内的大学生就超过1800万，还有34万中国留学生分散在世界各地的大学中，在"精英锻造车间"哈佛大学中国留学生占10%(大概应该是：中国留学生占哈佛所有留学生的 10%——译者注)。文盲率只有 4%，对于一个发展中国家来说，这个数字低得惊人，在印度还有 26%的文盲呢。

着眼于长期繁荣的预算政策和投资政策直接涉及到中国崛起的第四个要素：政治稳定的文化。西方政治家的远见往往只到下一次选举为止，而中国领导人的规划很长远，有时甚至长至几十年。这种长效思维发源于中国古代兵法，现在却在中国共产党中根深蒂固，瑞士汉学家和法学教授胜雅律称之为"超级规划"，其目标要在几十年后甚至更长时间才能实现，短期决定也必须与党的长期目标协调一致。

在过去的 30 年中，经济增长成为写入宪法的最高目标。为了实现这个超级目标，中国领导人以务实、灵活、创新的作风，巧妙地利用了市场经济改革和外国的竞争，促进本国企业的现代化，提升其竞争能力。

一个双赢的局面：长效政策使经济获得成功，而经济的成功又使政治家得以继续其长效思维，而这又能进一步促进经济增长。对于发展中国家来说，这是很不寻常的，我们只要看看印度就知道了，拉美和非洲也有很多国家政局动荡，政策频繁更迭。

稳定，稳定，稳定

西方的激烈竞争、诱人的国内市场、中国人传统的先见之明，以及深深根植于历史中的对稳定的渴望，这一切决定了中国中央银行的货币政策。走过大动荡大灾难的时代，中国人要不惜一切代价避免历史重演。稳定和可掌控性成了最高目标,从而也是货币政策最重要的准则。在这方面,中国在 19 和 20 世纪经历了大风大浪,吃一堑长一智,现在变得更坚定了。

19 世纪中叶的太平天国起义也是源于一场货币危机,也就是银圆危机,当时信奉洋教的起义者反抗清朝统治,建立了天国政权。1911 年的革命最终推翻了清王朝,却使中国几乎瘫痪了 40 年,各地军阀残忍暴戾,视百姓如草芥。到了 20 世纪二三十年代,虽然国民党中央政府渐渐巩固了政权,但中国依然四分五裂,所以"二战"中日本人轻而易举就侵入了中国。

1949 年共产党战胜国民党后,毛泽东建立了新中国,但人民的生活还是贫困,毛泽东想改变中国的落后面貌,赶超西方,于是发动了一场又一场政治运动,比如"大跃进"和"文化大革命",中国又一次经历了磨难。

直至毛泽东去世后才出现转机,之前被批为资本主义阴谋家的邓小平复出,开始改革开放,向西方打开了国门。一开始进展很顺利,但中国的政治家们对货币政策知之甚少,到 20 世纪八十年代中后期,他们从西方买进很多诱人的洋货,却不容易卖得出去,政府一开始对于贸易赤字还不很担心,为了进口更多的洋货,他们只要多多印钱就行了,通货膨胀迅速蔓延,1988 年达到 18.5%。

直到 20 世纪九十年代,中国领导人才明白,他们需要的是一个利于稳定的货币政策,像世界上其他各国一样,这个货币政策也要打上自身的烙印。就像德国人想起 1923 年的通货膨胀乱局还心有余悸,至今谈通胀色变,虽然当时的亲历者现在几乎已经无人健在了。

中国人从历史中学到的是:要发展,但是请放慢脚步,不要冒险,其他新兴工业国家的失败教训也印证了这一点。当年的东欧集团就是因为仓促引进资本主义,巨变的创伤至今尚未完全平复,中国有些急于冒进的政治家常会听到有人警告他们以此为戒。

鉴于自身的历史教训和他人的失败经历,中国人选择了一条极其保守的货币政策路线,简直可以说太老式了。他们运用了一种在国际上久经考验的模式,虽然这种模式在几十年前也曾受到西方人的大力追捧,但是现在大多数西方政治家已经对此不屑一顾了:人民币币值以一个相对固定的汇率与美元币值挂钩。这也许是很过时,但能带来中国人想要的稳定可靠,他们因此会在世界上引起争议,这是明摆着的,因为在这个全球化急速加剧的年代,外汇市场也像其他一切市场一样,起主宰作用的不是昔日的固定汇率制,而是市场经济,我们将会看到,对于货币来说,这其中隐藏着多少不可预料的风险,而这正是中国人想要规避的。

现在,大多数货币就像其他商品和劳务一样可以在市场上交易,价格由供需决定,所以货币时而涨价,时而跌价。如果买家要买的美元多于市场供应,那么美元就会涨价,反之亦然。以本币单位标注的外国货币的价格就是汇率。如果市场上对欧元的需求超过美元,那么欧元就会对美元升值。

自由的市场经济,但是是有限制的。一般说来,国家不会把货币完全交给自由市场,而是通过提高或降低贴现率进行间接干预。贴现率是银行向国家借钱时的利率。比如美国的利率上升,投资美元区的人就会增加,他们把数十亿外币兑换成美元,导致美元升值,又因为美元是国际主导货币,所以受影响的不光是美元本身,其他很多货币都会受到牵连,投资者不再向那些货币增加投入,它们的行情就会跌落。反过来,如果美国的利率很低,流入美国的投资资本就会减少，这时候如果得到优惠的美元贷款后再以别的货币进行投资，那是一定会有赢利的。这是货币商最钟爱的游戏，比如他们可以在美国获得利率为 2% 的贷款，然后把这笔钱以 4% 的利率投入巴西里亚尔，赢利 2%。

在地球上每一秒钟都会发生这样有利可图的交易，全世界的货币商乐此不疲，有利可图但也充满风险。首先，中央银行随时可能降息，比如在它看来，以优惠贷款刺激本国经济比以高利率吸引外资更重要，这时就会降息，尤其在发生经济危机的时候，按照媒体的通俗说法，中央银行喜欢把便宜钱扔到市场上，企业就可以得到利率很低的贷款，即便盈利空间很小，也能赚到些钱，但同时外国投资者的盈利空间也化为乌有，他们必须撤出这种货币，因为现在利率差对他们不利，资本流失会导致汇率波动，货币贬值，投资者就会蒙受损失。

对于货币商来说，他们自己造成的风险远高于中央银行造成的风险。利率升降的危害相对较小，而且往往是可以预见的，中央银行不会没完没了地转动利率龙头，利率措施突袭市场的情形是非常罕见的。但当货币商不论出于什么原因决定抛售一种货币的时候，这种货币的行情就会骤跌，其他的投资者不得不纷纷步其后尘，因为一种处于自由落体运动中的货币，守候越久损失越大。行情的崩塌会自动加剧，最后把整个国民经济逼入困境，最著名的例子就是 1997 年的亚洲危机，在几年的稳定增长之后，国际投资者突然从整个地区撤出了他们的信任和资本。

中国人不想听凭这种投机阴谋危害自己的货币，中央银行把人民币对美元的汇率固定下来，保障人们手中的美元随时可以兑换成一定数额的人民币，而这也意味着，中央银行必须储备足够的美元,如果突然有很多外国人要把手中的人民币兑换成美元,央行必须有足够的周转余地。为了防止陷入支付困境,中国用严格的资本流动监控制度对外国人在华投资活动严加监管。

尽管汇率是固定的,但市场规律,也就是供需关系还是会给货币造成压力。在外贸交易中人民币必须兑换成外币,反之亦然,如果美国的消费者要买很多中国货,他们必须先把美元兑换成人民币,中国的生产商给职工发工资只能用人民币,不能用美元,于是人民币需求上升,同时美元需求下降,按照市场逻辑,此时人民币就应该升值,按行家的话说,人民币有了升值压力,但中国的中央银行自有办法缓解这种压力,如果人民币眼看要偏离固定汇率了,中央银行就买卖一定数量的美元储备,以此平衡供需,这样,中央银行可以兑现汇率固定的承诺,却因此积攒了巨额的美元储备。

不过,固定汇率政策确实有利于稳定:中国的出口商可以踏踏实实地制定规划,因为他知道用他收入的美元可以换到多少人民币,这不光涉及对美国的出口,因为其他亚洲国家的货币也都在不同程度上与美元挂钩,所以亚洲范围内的贸易是稳定的,而汇率固定了,中国企业的采购投资也安全了,因为石油、天然气等最重要的原材料都是以美元计价的。这样,中国的国民经济虽然不能一飞冲天,但可以避免大起大落,这对创业期的经济是大有裨益的,而这也正是中国政府做出这一决策的初衷。

中国得益,美国失利

渐渐的,一个意料之外附带产生的喜人效果越来越明显。事实证明,固定汇率政策对中国的经济奇迹起到了决定性的促进作用。如果没有中国人民银行的干预,人民币就不会这么便宜,人们早就认为人民币对美元的价值被低估了5%到50%,这当然会影响国际贸易。如果人民币可以自由交易,中国进口的外国产品就不会这么昂贵,反过来说,中国销往全世界的出口产品也不会这么便宜。比如说,如果不是人民币与美元挂钩,中国南方生产的iPhone5在德国的售价就要比现在高得多,而且很可能就在别处生产了。低汇率产生的效应,就好像中国的生产商得到了间接的国家补助,而国际竞争者却要支付进口税。为了顶住这样的竞争压力,越来越多的西方企业不得不在中国生产。

事情就是这么简单:因为新近遭受重大挫折,中国人渴望一种稳定的货币政策,却好像在不经意间,中国成了世界工厂。在20世纪九十年代初,不论在西方还是在中国,都没人想到中国有朝一日会以现在这样的规模为全世界提供产品。现在,现代化的出口工业成了整个国家的增长引擎,并且保障欧美人在困难时期也能消费得起。当然吃亏的是西方的工业企业和工人,因为就业岗位都跑到中国去了。很多发展中国家的产品也竞争不过中国货,在很多领域甚至连印度也无法企及。

美国此时正在因大范围的去工业化而自食苦果。早在20世纪九十年代末期,美国人就相信他们可以毋须亲自生产,只要专心致志发展服务业就行了,其中也包括华尔街的金融业。而欧洲人,特别是德国人,还是继续生产机床、汽车和其他的高精尖产品,这不是出于什么明智的战略思想,而是因为那是他们的传统强项。

2008年危机我们可以看到,国民经济只有建立在自身高质量的生产和革新基础之上,才能获得更稳定的发展,尤其在目前的全球形势之下更是如此，因为现在亚洲的消费需求很旺盛，却在很多领域中自己没有能力生产合格的产品。美国人低估了这一点，主动把工业迁往亚洲，从美国人的狂妄自大中获利最多的是中国人。

美国人是这样打算的：国内经济专事服务业及其革新，而在别处以低成本安排生产，这样美国经济可以获得更大利益。但是他们的如意算盘落空了，整个国家的经济建设可不像苹果公司的经营活动那么简单。服务业不能提供足够的就业岗位，很多老工人在生产行业失去了工作，却无法在服务业中找到薪酬相当的岗位，而很多年轻人根本就无处就业。挣钱少了，他们就交不起税金，而且越来越依赖便宜货——中国的便宜货。

而在另一方面，中国的竞争优势不仅仅得益于有利的汇率，而且生产部门的后勤保障也越来越高效，原材料和配件送货上门，成品及时运出，这一切运转得越来越顺畅，对提高工厂的产能非常有利，在花费同样成本的情况下，产量越来越高，单件产品的价格自然就下降了。大量产品随处可销，或在西方，或在中国国内，现在很多中国人的收入都足以消费得起本国产品了。

一面是美国生产缺失，不得不买便宜货，另一面是中国的后勤保障日益完善，产能提高，两面夹击，使得美国在对华贸易中进口远超于出口，其收支平衡表一年比一年令人沮丧，2011 年的经常账户赤字高达 2020 亿美元，也就是说，中国向美国提供的商品和服务的价值比美国向中国提供的商品和服务的价值高出 2020 亿美元。

从这方面看，人民币也面临升值压力。如果人民币与美元可以自由交易，那么如此巨额的经常账户赤字会使美元对人民币贬值，从而提高美国产品的竞争力，从理论上说，不平衡的贸易就能渐渐得到平衡，但是中国的固定汇率阻止了这个趋势。更糟的是，由于美国人的收入连中国货都买不起了，他们就不断向银行贷款，而银行又向国家要钱，国家就大量印钱。到20世纪九十年代中后期，连中国也开始借钱给美国了，好让美国人有钱继续消费中国产品。中国投资美国国债，2007年后成了美国最大的债主，这是在20世纪七十年代末中美建交的时候根本不可想象的局面。

美国人不论从哪一方面审视他们的对华关系，最终都能看到美元和人民币的固定汇率是一切纠纷的罪魁祸首。长久以来，他们一直在对中国领导人施加压力，要求他们放弃固定汇率，将人民币大幅升值，以此提高美国产品的竞争力。中国人可不糊涂，人民币快速升值会给他们造成很大损失：他们的产品将会涨价，销量减少，还将有几百万工人失业。但是这不关美国人的事，他们只想改善自己的国民经济状况，但是他们显然已经没有实力在这个问题上强行实现自己的利益了，这是走下坡路的明显标志。另外，中国人在道德上也占理：长久以来都是西方利用甚至压榨中国和其他的穷国，现在世界形势转变了，穷人占了上风，这有什么错呢？

成功的负面影响

汇率固定了就万事大吉了——事情也不会这么简单。这个模式渐渐触及极限了，从长期来看，中国为人民币和美元的固定汇率付出的代价也会越来越大。国家的外汇储备越积越多，最后达到3.2万亿美元。虽说填满存折总没有坏处，但是利率太低了。为了保证人民币对美元的固定汇率，中国人民银行不得不大量收购美元，它不是把美元以纸币的形式存放在保险库里,而是进行投资,特别是在美国投资。中国央行向国家的或半国家性质的美国机构发放贷款,换取利息固定、期限固定的美国国库证券。中国人——美国银行家,如果仅仅为了利息,这种交易是不合算的,因为贷款利率极低,2012年美国一年期国债的利率只有0.1%到0.22%,但是美国人可以用这钱购买中国产品,这对中国的国民经济就有些好处了,这就有点像借钱给穷亲戚,问题是穷亲戚可能欠债不还。

再来看看巨大的贸易顺差带来的第二个问题:外汇储备的价值。美元的价值如果跌落,中国的外汇储备当然也会一下子缩水,简单说,中国卖给美国的一部分商品其实是白送的礼物,这种感觉让中国的政治家很不痛快,到时候他们还得就此事向民众作出解释,但是为了出口战略的成功,这是必须付出的代价。好在如果形势有利的话,这种代价要在中国的经济强大到足以抵制不良后果的时候才会变成现实。

第三个也是最重大的缺陷是通货膨胀率增高。整个过程是这样的:中国的出口商把出口创汇获得的美元在中国人民银行换成人民币,因为出口量很大,所以中央银行不停地印钱。一种东西数量越多,价值就越低,货币供应量的增长速度超过中国的商品和服务供应量的增长速度,导致物价上涨,因为钱的总量增加了,购买商品所需要的钱也就增加了,于是就产生通货膨胀。

中国的中央银行通过有息证券进行调控。出口商把美元换成人民币以后,取出一部分存入银行,商业银行用这些钱购买中央银行的有价证券,于是一部分钱又流回中央银行,这样可以减少货币供应量。但这个游戏不是永远玩得下去的,出口工业的收入增长很快,而商业银行不愿意也不能购买那么多的有价证券,而且出口商也不见得总是愿意把钱存入银行,他们有更好的理财途径,比如进行股票投机。也就是说,中国的出口量越大,人民币的升值压力就越大,维持对美元的固定汇率也就越困难。

在一个金融市场受到严格管制的发展中国家遇到这样的问题并不罕见,可中国现象的影响是举世无双的。迄今为止,还没有第二个发展中国家能成为美国的最大债主,就是20世纪八十年代的日本也远远没到这一步,而中国竟然已经走得这么远了,尤其令人惊奇的是,因为中国的生产效率远远不及美国,按照平均计算得出的结果来看,一个美国人的工作效率相当于9个中国人,不论在技术层面还是管理层面,美国人的专业技能都大大领先于中国人,所以美国人的平均工资也比中国人高得多,在优化生产、加强管理方面,中国还有很大的发展空间,至少可以做到在价格下降时照样也能赢利。

最后,固定汇率制度将在此遭遇最大的破坏力:随着中国人生产能力的提高,他们的口味也越来越挑剔,他们自己也想加大消费力度,但苦于进口商品价格太高。要想满足这个要求,理论上有两个办法,最简单的途径是人民币升值,这样大多数洋货就可以降价了。但是固定汇率阻碍人民币升值,所以就只能选择另一种途径:增加中国人的收入,这听着很简单,操作起来却非常复杂。而北京选择的正是这条路线,国家密切关注此事,时不时地以两位数的幅度提高法定最低工资标准。但是这又会产生问题:需求见涨,物价也见涨。通货膨胀加剧,又吞噬了一部分上涨的工资,这是一个危险信号,所以国家对物价也必须进行干预,但是比干预工资更谨慎,更有选择性,基本食品价格常常受到调控,而电价和油价是完全由国家规定的。如果政府不够谨慎的话,那么螺旋形的工资上涨趋势和国家规定的降价就会对固定汇率造成两面夹击，而这一切仅仅就是为了控制通货膨胀，因为随着通货膨胀的加剧，民众会越来越不满，一旦基本食品价格上涨幅度达到 10.5%，民众的不满就会明显上升，所以北京越来越担心由此引发的不稳定。

固定汇率与工资上涨的组合当然不是引发通货膨胀的唯一原因，另一个重要因素是，在中国制造产品的国际销量骤降的时候，比如在 2008 年危机之后，政府为了实行经济刺激计划而大量印钱，这类措施导致 2012 年上半年消费价格上升了 4.5%，相比印度（8.1%）和阿根廷（10%）的通货膨胀率，这个数字并不真正构成威胁，但也是个警示信号，2006 年的通货膨胀率只有 1.4%，甚至低于美国。

效法日德

在不久的将来，通货膨胀可能损害中国作为世界工厂的地位，但现在北京的政治家们还是宁可尊奉"永远不要撤换获胜团队"的信条。迄今为止的货币政策战略能够获得多大成功，只要看看东海彼岸的日本就知道了，在这个问题上，日本是中国暗中仿效的榜样。在 2011 年之前，日本是世界第二、亚洲第一经济大国。"二战"战败之后日本经济损毁殆尽，但在短短几十年间，日本发展成了在生产能力和人均经济成就方面唯一能与美国持平的亚洲国家，有时甚至还能超过美国。到了 20 世纪八十年代，美国已经从出口国变成了进口国，很多人都估计日本将会在不太久远的将来赶超日渐衰退的美国，盛赞日本模式优越性的经济类书籍曾经风靡一时。

像今天的中国一样，日本成功的核心因素也是汇率低估。在1949年，像资本主义世界大多数国家一样，日本也将自己的货币与美元挂钩，汇率固定。20世纪七十年代初，当时的固定汇率制度全面瓦解，因为美国人想让美元贬值，其目的就像今天对付中国人一样，为的是恢复本国经济的竞争力。一开始日元确实升值了，由于日本产品的美元价格大大上涨，为了防止丰田、三菱、索尼等企业的国际销售大幅下降，日本的中央银行一再干预外汇市场，像今天的中国人一样，它将汇率强行压低，于是日本的出口又开始持续增长。特别是在20世纪八十年代初，由于美元不断升值，美国产品越来越贵，销量也越来越少，由此产生的后果就像今天的中美关系一样，美国在对日贸易中进口远超于出口。

日本不是唯一实行这种政策的国家。德国人在战后也是通过固定德国马克对美元的汇率登上了世界经济的巅峰，虽说他们的成功还有别的因素，但可以肯定的是，如果没有固定汇率，德国的崛起耗时一定更长久，而且德国可能永远不会获得今天的成就。

到20世纪八十年代中期，日本和德国的竞争对手，特别是美国，再也忍无可忍了，美国人不想再对巨大的贸易不平衡坐视不管。1985年9月，在所谓的广场协议中，美国强迫日本和德国将它们的货币对美元升值，由德国、日本、法国、英国和美国组成的G5集团在纽约广场饭店举行会晤，美国以贸易保护主义措施相威胁，强行实现了日元和德国马克对美元的升值。

与现在的中国案例不同的是，当年美国的强势足以迫使亚洲最领先的经济大国和欧洲最领先的经济大国低头让步。德国总算未遭大难，但是广场协议给日本造成了惨重的损失。金融界预计日元将要升值，谁要是把美元换成了日元，就可以指望两年后能换回更多的美元，如果在此期间，还用日元去投资一个有利可图的项目，那就赚得更多了。就像今天中国的情形一样，在 20 世纪八十年代初之前，外国投资者在日本的投资受到严格限制，所以存在很大的弥补需求，于是投资过多、过快、过于草率，1989 年泡沫破裂，自此以后，日本经济就停滞了，哪怕是高水准的停滞。现在，这个国家的债务达到国内生产总值的 238%，是全世界负债率最高的国家之一。

看到日本在后广场时代的命运，就不难理解中国领导人为什么反对本币升值，并反对向外国资本开放金融市场，他们的信条是不要操之过急。日本和德国的历史经验也印证了中国道路的正确性。

因为当今世界上已经没有人有那个实力强迫中国人升值他们的货币了。不论人民币的币值低估让美国人多么怒不可遏，中国的间接出口补助几乎不妨碍任何国际义务。世贸组织（WTO）本该禁止成员国对本国产品施以违规补助，但是其章程没有规定可以干涉货币政策。就是监督国际金融体系的国际货币基金组织在这个问题上也很难有所作为，长久以来，它一直是听凭成员国自行决定采取固定汇率还是浮动汇率，毕竟它最初的任务就是确保"二战"后的固定汇率制度正常运作。看来中国人又一次成功地从敞开的小后门钻了大空子。

中国的压力在上升

美国的政治家们一再对中国挑起争端，但大都无果而终，他们这么做大概主要是出于内政方面的原因，他们向选民传递的信息是：造成今日的困境，罪责不在我们，而在中国人。同时，美国始终还是国际货币基金组织中认缴基金份额最多的国家，因而享有最多的投票权，所以美国还通过这个国际组织向中国施加压力，但是迄今为止收效甚微。虽然国际货币基金组织的经济学家一再强调中国的低币值损害了世界经济，并敦促中国人在国际大家庭中顾全大局，但这一切要求都在中国碰了壁，因为中国还有二三亿人生活在贫困线以下，还需要低汇率为他们造福。

人民币升值的驱动力更多的是来自于另一个方向：中国可以对国际上所有的非难指摘无动于衷，可是如果事关国内经济的发展，中国领导人却是极其敏感。僵化的汇率已成束缚，人民币的升值压力在中国内部也日渐上升，关键的核心问题是内需。上文提到过的那种游戏，即一边靠提高收入增加消费一边通过中央银行的干预控制通货膨胀，不可能永无止境地进行下去。

人民币升值以后，进口原材料、半成品和成品都会降价，从而能增加国内消费，减少中国经济对出口的依赖，在这一点上，国际货币基金组织的批评击中了中国的痛处。国际金融危机过后，中国人痛切地感受到过分依赖正在衰退的发达国家的消费需求会造成什么样的后果。美国的形势依然严峻，为了缩减他们那巨额的私人债务和国家债务，他们迟早要开始节衣缩食，而且为时长久。除德国人之外的欧洲消费者也越来越拮据，就是德国人也不会慷慨购物了，因为他们发现他们得为欧洲人埋单，欧洲债务危机迫使他们节俭度日。

最简单的解决办法是：中国人自己购买中国产品，领导层把促进内需写进了第十二个五年计划。现在我们再回到货币升值的话题上来。国际货币基金组织提出的理由是,货币升值可以使扩大内需的目标加快实现。问题不仅仅在于消费,中国的社会公正也将得到一定程度的改善,因为迄今为止,只有出口工业的从业人员从固定汇率中获得好处,而由此产生的通货膨胀祸害的却是广大人民群众,富有的沿海地区和贫穷的内地之间、城乡居民之间、富人和穷人之间的差距越来越大,浮动汇率可以缓解社会矛盾。

浮动汇率还有别的好处:之前集中流入高度膨胀的出口工业的大量资本将被用来投资发育不良的服务业;进口原材料和半成品降价后,中国的生产商一定会很高兴的;巨大的出口盈余将会渐渐消融,低息外汇储备也不会再继续增加;中国也不用再借钱给美国了,可以把钱用于中国的发展,再强调一遍,中国现在借给美国的钱不过是让美国人用于不负责任的消费。

人民币升值的好处可总结为:在抵制通货膨胀方面,坚挺的人民币比中央银行的干预更有效;坚挺的人民币还能提高中国人的国际购买力;而中央银行也不再需要如此庞大的低息外汇储备;另外,坚挺的人民币还有助于缩小贫富差距,国家趋于稳定,实现中国的繁荣富强。

北京在犹豫,但还能犹豫多久?

中国的繁荣当归功于固定的低汇率政策,但这种政策的效力已经渐渐触及极限,从理论上说,人民币升值是绝对有意义的,中国政府自己也知道这一点,毋须国际货币基金组织为此撰写长篇大论穷原竟委。

但当局还是举棋不定，因为人民币升值首先就意味着中国产品涨价，作为中国经济奇迹增长引擎的出口工业将面临压力，工厂将要关门，很难预料外国商品的降价能以多快的速度弥补工厂主和工人们损失的购买力。

这并不是中国政府迟迟不愿放开汇率的唯一原因。中国人对亚洲危机记忆犹新，当时泰国、印尼和韩国等很多亚洲新兴工业国家欠下高额外债，在危机期间，投资者撤回了他们的资本，造成恶性循环，好几个"亚洲小虎"立即陷入灭顶之灾，它们的错误在于让外国贷款和自由汇率把自己变得不堪一击，中国领导人要不惜一切代价避免重蹈其覆辙。

中国人在1997年就非常谨慎，他们的所作所为与国际货币基金组织的建议完全背道而驰，可是却卓有成效。他们没有让人民币贬值，没有向外国投资者开放市场，而且他们欠国际债主的债务也只偿还了一小部分。中国很幸运，多亏了汇率稳定，国际投资者的信任很快又重返中国，尽管有些人在亚洲危机中在中国也蒙受了损失。

中国违背通行的经济学理论却能获得成功的事例比比皆是，亚洲危机绝不是其唯一的表现。中国案例与经济学家所理解的最佳发展道路根本不符。按照经济学理论，中国不该把钱借给比自己富有的美国，让它购买中国产品，而应该反过来，因为中国像所有的发展中国家一样，多的是工作和工人，而资本却相当紧缺；按照经济学理论，发达国家应该在中国投资，促进中国的经济增长，可现实是：不富裕的中国人出钱让富有的美国人消费。多么颠倒的世界，可是这个世界比传统的道路更迅速而且更持久地消除了贫困。依经济学家看来，这种由下而上的资本流动违背一切经济规律，简直太反常了。中国收获了贸易盈余，而印尼或菲律宾却常常出现贸易赤字，将两者的结果一对比，很快就清楚了：是理论出了问题。难怪中国人对国际货币基金组织的计算模式总是持怀疑态度。

但是，北京还是渐渐开始转变思想，小心翼翼地向浮动汇率方向迈出了步子。直至不久前汇率还是严格固定的，现在人民币每日可以在中间价的1%幅度内上下波动，通过这个"汇率波段"人民币就可以实现长期的受到监管的升值，向市场价值靠拢。这个政策并不新鲜，早在2005年到2008年间，人民币汇率就以0.5%的波动幅度，度过了一个相当长期的升值阶段，后来由于金融危机，中央银行将自己的货币又与美元牢牢挂钩，但此时人民币币值已经上升了20%。现在，汇率趋于浮动的进程与一系列重大的金融市场改革结伴而行，如果改革成功的话，人民币很快就能摆脱美元的束缚，踏上新的征程，那是一条此前英镑、美元和欧元都走过的路：晋升为世界货币。

中国如果想减少对美元和欧元的依赖，让人民币缓慢而循序渐进地实现可兑换是个理想的折衷方案。人民币可兑换程度越来越高，直接结算的贸易也就越来越多，毋须再绕道美元。此外，人民币还能成为储备货币，也就是说，人们可以用它积攒家底，为困难时期做好准备，这是通向世界货币道路上的重要环节。人民币既要获此殊荣，同时又要规避可兑换带来的风险，如何做到这一点，对中国的银行家们是一个重大考验，有一点是肯定的：中国人想到的办法一定是很不寻常的。

第 2 部分

历史创伤：银圆是如何把中国逼入绝境的

中国买我们的远远少于我们买他们的，对此西方人已经气愤了 200 多年了。早在 19 世纪初世界贸易就已经能够决定全球政治形势了，当时甚至已经有了一种世界货币：西班牙银圆。银圆对中国的影响可以写成一本教科书，从中我们可以看到，一个国家如果依赖一种自己不能控制其供应的货币，将会落得怎样的下场。这个故事包含一部兴衰史所必需的一切元素：错失良机，无视风险，妄自尊大以至于目空一切；自鸣得意，玩忽职守，妄想自给自足闭关自守，而最严重的是自以为能够抵制全球化，将其拒之门外。

　　在 1800 年左右，银圆已经能把彼此距离极其遥远的地方联接起来，比如像阿根廷的布宜诺斯艾利斯和中国的广州，白银流动的跳板是欧洲的殖民帝国。作为首个世界货币的制作材料，这种贵金属产自西班牙在拉美的殖民地，然后搭载着欧洲人的香料船和茶叶船源源不断流入中华帝国。载着白银的"东印度商船"从中国换回的是畅销欧洲的茶叶、丝绸和瓷器。这种贸易带给欧洲人的不只是好处，特别是英国人，当年从对华贸易中受的气绝不亚于今天的美国人，他们自己几乎不能提供任何中国人感兴趣的产品。欧洲人从亚洲购物，越来越多的拉美白银流入中国，在与东方帝国进行贸易的过程中，欧洲国家的贸易赤字与日俱增，而中国积攒的白银也与日俱增，就像今天的美元储备。初看这是中国人的巨大成功，但最后证明这一切不过是虚妄，因为这其中埋下了中国在 19 世纪政治经济大毁灭的祸根，等中国政府意识到这一点的时候，一切都太迟了，就是到了那个时候，中国人还是不肯面对现实。

原因一：中国以为自己可以从国际贸易中单方面受益，坚决拒绝全球化

中国人与外界通商几百年来，始终自以为高人一等。他们意识到了国家控制权落入外人之手的危险，所以历来敌视外国影响，哪怕只是通过贸易产生的影响，但是他们相信只要寸步不让地拒绝开放市场，就能祛除这样的危险，所以历代统治者都对海外贸易严加限制。到 1684 年，在康熙皇帝统治期间，严格的禁令稍有松动，允许西方航海国家通过四个中国城市与中国通商，但就是这样的微型开放也很快就倒退回去。从 1754 年开始，乾隆皇帝又对西方人在中国的售卖行为严加限制。他时刻防范中国人与西方人亲密接触，用今天的眼光看，他的戒心并不过分。在印度的莫卧儿王朝，信奉伊斯兰教的统治者赋予英国的东印度公司很大的贸易自由，印度人贪图的是利益，而英国人知道怎么利用他们的贪心为自己谋利，莫卧儿统治者利令智昏，没有注意到自己的政权已经渐渐落入英国人之手，而英国人不仅生意兴隆，还窃取了印度越来越多的

政治权力，自然是十分得意。

　　乾隆皇帝无论如何不想让外国人在中国四处活动，他下令关闭所有对外贸易的通商口岸，只保留广州一口通商。即便是在广州，商品交换也要受到一个由皇帝专门授权的商人行会组织的严密监督，交易地点仅限于广州城墙外的一个区域。组织贸易的机构被称为"十三行"，那儿不事生产，只做买卖。在贸易旺季，外国商人住在洋行附近，受到当地居民的庇护，但东道主是不会让他们宾至如归的，他们的日常生活要受到很多条条框框的限制：不许带家眷，不得直接接触中国普通百姓，甚至禁止学中文。在10月到3月的贸易季节之外，西方商人必须离开广州，到离此150公里的澳门落脚，那是葡萄牙的据点。

　　猜忌外国人是中国由来已久的传统。皇帝们担心与外界接触会引起国家动荡，尤其是一些见缝插针的西方传教士，他们的"古怪思想"可能会教唆民众伤风败俗。

　　一开始西方商人没有办法，只能遵守中国人的严令苛规，接受中国公行的垄断，可对华贸易还是蓬勃发展起来了，即便条件不利，生意还是很有赚头。18世纪和今天没什么两样，现在不是也有很多外国经理一边抱怨中国市场上生意难做，一边还在不断加大投资。从1760年到1800年，中英贸易额在40年中增长了10倍。英国在中国人眼中不过是欧洲北部一个不起眼的小岛，而中国当时已经是全世界人口最多的国家，可就是小小的英国在18世纪下半叶控制了中国80%的贸易。英国人在中国购买丝绸和瓷器，而买得最多的是茶叶，仅茶叶一项就占贸易额的60%。中国人让英国人为他们的茶叶嗜好付出了沉重的代价，但不是通过商品交换，中国人对早期工业革命的成果不感兴趣，他们喜欢的是硬通货银圆，而且也如愿以偿了。一艘又一艘满载着白银的船只从欧洲及其殖民地驶向中国，白银的大量流失使欧洲渐渐出现了经济问题，由于贸易赤字，这种贵金属越来越紧缺，越来越金贵，银币成了稀有物品。

解决的办法只有一个：无论如何要强迫中国人接受更多的欧洲货。英国人的殖民帝国越强大，他们就越不愿意听从别人发号施令。1759 年他们第一次奋起反抗，开始采取行动，努力改善自己的贸易条件。英国东印度公司派遣商人洪任辉（James Flint）前往中国，就西方商人的困境向乾隆皇帝提出交涉，但是以失败告终，他不仅没有见到皇帝，而且还被捕并被囚禁 3 年。

这个时候西方还是高估了自己的力量，即便是正在向世界霸主地位发起冲刺的英国人，此时也没有足够的力量强迫中国人开放市场。

下一次尝试就是 30 年以后的事了。1793 年，英国人再一次发起攻势，英王乔治三世派遣出生于爱尔兰的贵族乔治·马嘎尔尼出使中国，他的任务是在中国的北京开设英国大使馆，这样就可以派出一个谈判代表常驻中国，为英国的利益说话。

已经在位 58 年的乾隆皇帝觉得这样的要求简直太荒唐了。毕竟中国人始终把那些来自辽远小岛的大鼻子洋人视作蛮夷，他们的国王本该对中国皇帝称臣纳贡的，建立英国大使馆就等于说这些蛮人从此以后要与他平起平坐了，他可是天子，礼仪之邦的统治者！而且这些英国人连礼数都不懂，中国的大臣们觉得他们简直太没教养了，可以想象，马嘎尔尼出使中国一开始就很不顺，因为他放不下架子，不肯向乾隆皇帝磕头以示必要的恭敬，磕头是中国宫廷中的标准礼节，就是三次下跪，每次下跪要用额头三次碰击地面，马嘎尔尼满脑子都是大英帝国的旷世荣耀，这样的礼节对他来说是莫大的羞辱,哪怕为了战略大计,他也不肯做出这样的让步。

大错特错!就这样,当时控制着世界贸易的大国的代表被全世界最大的销售市场中国拒之门外。最终乾隆皇帝还是很有外交风度,屈尊接见了不肯磕头的马嘎尔尼,但是对于他提出的要求一条也不接受。马嘎尔尼在北京的唯一收获就是乾隆给英王乔治的一封回信,中国皇帝在信中说明了他为什么没有兴趣与英国人加强合作。乾隆对英国人表现得很"怀柔",鉴于英国"远在重洋",他可以理解"蛮族"对中华体制的无知,他在信中还指出,他允许"夷商"与中国通商,已经是格外开恩了,因为茶叶、丝绸和瓷器是欧洲国家绝对必需的东西,而进口洋货对中国经济一无用处,信的末尾是皇帝对附属国君主下诏所用的标准用语:"王其祗受"。

乾隆的狂妄使他没有认识到英国人也可以提供一些有用的产品,而且长期的贸易不平衡会造成麻烦。乾隆身边的大臣们也没有想到英国人的白银会这么紧缺,他们早晚会付不起货款。归根究底,是正在衰落的和正在崛起的世界大国之间不同的世界观妨碍了彼此之间的经济对话。

白银还在继续流失,英国的形势急剧恶化,英国人没有退路了,不管中国人愿不愿意配合,他们都必须强行调整对华贸易。1816年,英国人最后一次尝试和平协商,派遣阿默斯特使团出使中国,此行的目的和上次大败而归的马嘎尔尼是一样的。但是这一次外交努力依然以失败告终,又是败于英国人迂拙的外交艺术和中国皇室的傲慢自大,英国人依然拒绝磕头,中国人依然以高高在上的姿态目空一切。

原因二:闭关自我

在英国人几次试图与中国谈判的时候,力量的对比已经开始发生变化,只是当时还不易觉察。相比中国,北海中的这个小小王国有一个巨大的优势:在工业革命的竞争压力下,经济和军事领域的技术发明层出不穷,国家的生产能力突飞猛进,英国涌现了大量价廉物美的新产品。而中国低估了这种竞争,在酣睡中错过了工业革命,时代选择了英国,自身的愚昧无知是这个亚洲霸主跌落的第一个陷坑。

第二个陷坑是对外国的暗中依赖,而这正是中国统治者想方设法要极力避免的事情。中国人低估了货币的力量,不知道货币既可以为一个世界大国的崛起提供支持,也可以推波助澜加速另一个世界大国的覆灭。茶叶和瓷器换来了大量的白银,不知不觉间,他们再也离不开白银了,欧洲人的货币成了中国最重要的支付手段。

这场变革的失败者是几千年来主宰中国经济的铜钱。早在公元前 221 年秦始皇统一天下之前, 这种中间有个小方孔的圆形钱币就在中国广泛流通了。从古希腊时代开始,人像和鸟兽一直是西方钱币的典型图案,而此时中国的铜钱早就已经刻有文字了。宋朝以后有时也用白银作为支付手段, 但是用绳子串起来的铜钱始终是地方上普遍使用的货币。铜钱在中国流通了 2000 多年, 直至 1911 年中国最后一个朝代清朝灭亡的时候铜钱还能使用。

自从中国与英国做买卖换得银圆之后, 国家货币遇到了来自民间的强劲对手,地位每况愈下。19世纪初,在清朝的第一个大衰退时期,白银成了问题。此前的货币供应是由国家造币厂控制的,在北京和地方上都能铸造钱币。虽然在中国西南铜产量丰富的地区总有人制造假币,但是很少成功,铜钱的价值几乎不受影响。

但是银币地位日益上升,局面就很尴尬了。中国商人从外国买主手里换得的白银数量越来越多,他们在国内购买国产货时也开始支付这种货币,于是在国家铸造的铜钱之外,还出现了民间替补品。国家对这种竞争不但坐视不管,而且还从中渔利。对于大宗交易,价值较高的白银确实比铜钱实用得多,即便要支付大额货款,也不用那么辛苦地扛着钱箱跋山涉水了。

最后甚至连国家的收税官也开始接受白银了,因为他们也要长途跋涉地把税钱送到北京去。在17世纪初,就只有0.5%的税收是用铜钱支付的,其余都是白银,然后白银税收又被当作官俸分发给管理国家的大小官吏。当时没有人想到,由国际贸易引起的财政改革将会给中国造成多大的灾难。

新货币成了埋伏在经济组织乃至政治组织中的炸弹:中国自己几乎不出产白银原材料,所以国家几乎不能控制货币供应。虽然在地处西南的云南和广西有一些银矿,但是那儿开采的白银还不够这两省铸钱所用。在白银成为流行的支付手段之前,这个国家的大部分白银就是从国外输入的,最初主要是从邻国和纳贡国进口,比如日本、缅甸和现在的越南都是传统的白银供应地。从16世纪开始,美洲来的白银渐渐多起来,从中国船只或西方船只上卸下来的有时是银锭,有时是各种规格的银币,图案不同,成色不等。中国人把大多数银币熔化后制成工艺品,原始银币很少进入流通,大都不是支付手段,而是收藏品。

到 18 世纪下半叶情形起了变化。西班牙银圆问世了,这种在墨西哥铸造的银币边缘带有槽纹,很耐磨损,因此在质地上远胜于它的所有前任。银圆上印有西班牙国王的头像,所以中国人称这种银圆为"佛头"。

西班牙银圆高度防伪,非常实用,币值是清楚明确的,所以人们不需要再把各种不同的银币和银锭称来称去,尤其在富裕的中国南方银圆非常盛行。同时人们还可以在私人钱庄里把银圆换成铜钱,用于日常购物。

只要以银换铜的汇率能够保持稳定,一切都能顺利运转,但是一旦汇率发生波动,问题就来了。比如说,商人们在钱庄兑换的白银突然减少了,白银供应就会紧张起来,随着银价的上涨税收也会上涨,因为税收是用白银计价的。最初这种波动还只是小打小闹,所以长期掩盖了它的致命破坏力:中国的税收制度受到国际贸易的制约。直至 19 世纪上半叶中国的货币卷进了全球化的急流中,中国的官吏们才完全弄懂其中的关联。

原因三:愈演愈烈

有一个人要对中国货币的悲惨遭遇负责,他的名字在当时的中国恐怕无人知晓:拿破仑。19 世纪初,拿破仑不断攻击法国的邻国,同时也间接地攻击了世界货币白银的稳定。法国统治者的侵略政策影响之深远遍及全世界,从南美到中国都未能置身事外。西班牙就是拿破仑的牺牲品之一。自从 1492 年哥伦布迷失航向误打误撞找到美洲以后,西班牙迅速崛起,一跃成为全世界头号殖民帝国。西班牙王权治下的各个国家,比如墨西哥、阿根廷或秘鲁,一开始还都支持其宗主国,后来西班牙占领军越来越疲弱,当地的领袖们看到了独立的希望,毕竟20年前北美资产阶级的壮举还历历在目,他们趁势组织反抗,到1820年,在拿破仑的持续打击下一蹶不振的西班牙几乎完全撤出了中美洲和南美洲。

西班牙人之前在玻利维亚和墨西哥的银矿开采的成吨的白银现在都归地方当局所有了。由于革命和战乱,白银开采中断了好多年,年年从哈瓦那送钱回国的西班牙运宝舰队也停航了,世界市场上的白银供给陷于崩溃。连年的战争耗尽了西班牙的国力,世界货币又断了补给,当年不可一世的海上霸主如今只剩下一副空壳了。

随着西班牙的衰落,世界货币链的第一块多米诺骨牌倒下了,下一个跌倒的是英国,最后是中国,中国人还是捧着自给自足的大旗,好像捧着圣人的牌位。

法国革命战争和拿破仑的大肆侵略造成了白银紧缺,在法国的主要敌对国英国,银币几近绝迹,取代银币盛行一时的是纸币和当地的钱币。1816年,皇家造币厂出面干预,规定白银只能用于铸造小单位的银币,并且提高了银币兑换黄金的汇率。

由于白银的紧缺,重新调整对华贸易的压力也迅速上升。阿默斯特使团的失败说明,通过外交途径是解决不了这个问题的。中国人没有想到的是,英国人急中生智,想出了一条与财政政策无关的毒计,既能一劳永逸地解决白银流向中国的问题,自己又不必卷入远东的战争。英国人让整个中国吸毒上瘾,他们开始向中国运送鸦片,中国人买了又买,虽然鸦片贸易在中国是犯法的,但英国人总算找到一种能与中国交换的产品了,这种产品可以在印度廉价生产,要多少有多少。

1817 年，东印度公司开始从印度将鸦片装船运往中国，到 1837 年进口毒品数量上升 6 倍，从每年 5000 箱上升到每年 35000 箱。随着毒瘾的迅速蔓延，中国传统的贸易顺差也变成了贸易赤字。从 1800 年到 1830 年间，还有 90% 的英国商船装的是白银，而此后全都满载着鸦片。

白银补给中断了，中国早就不再从缅甸、越南、日本等邻近国家输入白银，几十年来几乎所有的白银都来自拉丁美洲。没有第二个亚洲国家如此依赖西方的白银，这个教训应当深深铭刻在中国人的历史记忆最深处。其实危机早就出现预兆，早在鸦片问题持续膨胀之前，1808 年钱庄里以铜换银的汇率就已经上涨了，拿破仑战争造成全世界白银供应紧张，但是政府疏忽懈怠，没有采取任何措施。在 1814 年以后的 40 年中，中国有将近 20% 的白银储备流向国外。

这个损失并不仅仅是早期全球化中的金融现象，而且严重危害了中国的社会稳定。随着人口的增长，银钱越来越紧缺，中国经济迅速下滑，进入一个长久的衰退期，失业率上升，捐税也上升。官吏们不再相信北京的皇室有能力解决危机，很快百姓也开始躁动起来，他们手里的钱越来越少。在危机开始之前，一两银子等价于 800 文铜钱，而官价是一两银子兑 1000 文铜钱。地方官收税时，将收入的铜钱按市场价兑换成银子，这样他在交付税收前就能挣到 200 文铜钱。可是在危机期间，一两银子的价格上涨到 1500 到 2000 文铜钱，交税所需的铜钱数量大幅上升，地方官自己领取的官俸也是银子，面对这样的情况他只有两条出路：要么动用自己的私产，要么增加税收，最后他是二者兼用。

百姓与官僚之间以及官僚与中央政府之间的关系迅速恶化，

军队士气萎靡，士兵们本该对躁动不安的百姓加强控制，但他们领取的军饷是按官价计算的铜钱，所以他们的收入其实是越来越少了。

在十九世纪，一个法国皇帝就能影响中国士兵的收入，对此中国人毫无觉察，而法国皇帝更是料想不到。世界关联之紧密已经到了令人难以置信的程度，这种紧密关联给中国带来多少问题，恐怕没有第二个国家可与之相比。偏偏是这个自以为游离于竞争之外遗世独立的国家被早期的全球化逼得走投无路。中华帝国的前途岌岌可危，因为中国的顽固不化早就激怒了殖民主义列强。

原因四：诉诸武力

当时的中国政府始终不能正确认识力量对比的真实状况。为了缓解国内白银紧缺的形势，中国人走上了与西方对抗的道路。世界市场上白银供应紧张的根源在于欧洲和南美，这不是中国人能左右得了的，但他们可以关闭边境，向西方商人施加压力，而他们也正是这么做的。

他们想采取强制措施禁烟，遏制白银流失，就像现在欧洲某些地方一样，当时中国的货币危机演变成了社会危机。将近一百年来，南方的广东一直是中国与西方通商的贸易中心，1839 年林则徐奉皇帝之命来到广东，首先处理的是中国的烟贩和烟民，逮捕 1700人，缴获鸦片 73 吨。这个数字听上去很多，其实不过是杯水车薪，1838 年鸦片进口总量是 2200 吨。林则徐这位缉毒专员非常明白，只有彻底禁烟才能沉重打击鸦片贸易，从而弥补贸易赤字。他下令将从英国商人手中缴获的 1300 吨鸦片全部销毁，宣布鸦片贸易在中国是违法的，并要求西方人签署声明，保证今后不再走私鸦片。

狂怒的商人要求英国政府出面干预，英国人要求赔偿损失，并恢复之前大获成功的贸易模式，这无疑就是宣战。英国海军派出 16 艘战舰，540 门火炮以及 4000 兵力，前去教训一下倔头倔脑的中国人。北京及其驻广东的代表对此毫无防备，在现代化战争机器的炮火轰击下，中国的老旧帆船很快就沉没了。

皇帝还是不服，一位英国海军将领和一位中国地方长官协商达成的条约，皇帝不予批准，条约要求中国割让地处战略要地的美丽的香港岛，以支付战争赔款，并与英国建立外交关系，皇帝觉得这样的代价太沉重了。

与蛮夷平起平坐足以让天子颜面扫地，他已经习惯了像前任们一样掌握至高无上的权力，为了对得起列祖列宗，他只能选择强硬路线，而且他一旦让步，其他的帝国主义列强也会向中国提出要求。一个人要到了，别人也会伸手来要，他的判断是没错，但他已经没有力量维护自己的地位了，皇帝没有认清这个现实，英国人再次报之以猛烈的炮火。仅仅一年之后，处于劣势的中国军队终于放弃了，同意接受英国人的要求。

惨败之后，皇室被迫签署了一系列文件，这些文件以"不平等条约"的名目载入史册。中国把香港割让给英国，开放一些通商口岸，并要支付高额的战争赔款。皇帝全面失败，鸦片贸易重新蓬勃兴旺起来，清政府在自己的臣民和全世界面前丢尽了脸。财政方面的后果也是非常严重的，中国不再控制自己的对外贸易，后来被迫又与其他国家签定了类似的不平等条约，中国从此沦为半殖民地国家。

对西方世界货币的依赖以及贸易不平衡击垮了世界上最大的国家,中国曾经吸收了大量的世界货币银圆,这个以中心地位自诩的帝国如今沦落到边缘,成为贫弱的附庸,外国人在中国权力越来越大。

鸦片战争不仅造成了外交上的重创,而且也在国内引发了灾难。沿海地区的人感觉到了外国新主子的强势,于是中国人越来越明白清王朝离末日不远了。

原因五:一个不算太坏的结局

虽然中国继续狂购鸦片,但是从19世纪五十年代中后期开始,有气无力的清政府竟然又重新巩固了自己的权力。到1887年,鸦片的年进口量激增至5000吨,可还是有大量白银重返中国:全球化的潮汐改变了方向,世界市场上白银短缺的形势得到缓解,业已独立的拉丁美洲的银矿又开始加紧运转,大量的白银充斥市场,西方人不再关心有多少白银流入中国,西方重现繁荣,他们又可以大量购买中国茶叶和丝绸,贸易差额现在不成其为问题了。中华帝国得以苟延残喘,皇帝通过镇压太平天国也巩固了自己的权力。

但是中国落后于西方的现状并没改变,只是退到幕后,被掩盖起来了。中国再也休想摆脱全球化金融网络带来的烦恼,更休想让中国的货币晋升为世界货币。外国人想方设法让中国人继续积贫积弱,直至1911年皇帝被迫退位。此后是很长一段时期的内战,国民党和共产党为争夺政权苦战不已,后来还卷进了第二次世界大战。

1949 年终于见了分晓:共产党赢了,西方同盟国无意间帮了共产党的忙。德国人的盟友日本人侵入中国,占领了大片土地,最后美国人在日本投下两颗原子弹,日本人被迫投降,共产党在北方迅速占有了日本人留下的武器装备,国民党逃到台湾岛,毛泽东把几乎所有的外国人都扔出了中国。回归零点,此后中国又匆忙投入毛泽东发动的"文化大革命"运动。

直至毛泽东 1976 年去世之后,他的继任者改革家邓小平才又重新打开国门,让西方投资者进入中国,又过了四分之一世纪,到第一次鸦片战争过去 180 年时, 中国自己的世界货币很可能已经打造成功了。

中国从历史中能学到些什么

19 世纪中国衰落的原因是显而易见的,这个国家太自负了,以为自己在全球竞争中没有竞争对手。西方工业革命的时候,中国人懵懵懂懂一无所知,等知道的时候已经太迟了。第二个决定性的因素常常被人遗忘, 那也是第一次鸦片战争乃至几年后太平天国运动爆发的原因,那就是中国人拙劣的货币政策。在国家铸造的铜钱之外允许第二种货币同时流通,这已经是犯了大错,而更大的错误在于接受白银这种金属作为自己的货币, 因为中国自己几乎不产白银,不论是直接还是间接,中国都无法控制白银交易。造成中国政治危机的首要因素绝非常被指为罪魁祸首的鸦片, 而是全世界白银供应的紧张和世界市场上对中国商品的疲软需求。自己的货币依赖外国,中国人还以为自己能对付得了这样的局面,与今日的美国何其相似。

为了维护自己的白银体系，中国冒险迎战，在第一次鸦片战争失败后，中国从曾经的超级大国沦为帝国主义列强的傀儡。到了战争结束 180 年后的今天，这次惨败在中国与西方关系中留下的烙印依然清晰可见。中国现在要再次崛起，以世界大国的地位洗刷当年的国耻。

中国从历史挫折中得到的启发是：强烈抵制国际影响，无论如何不能听任外国人控制自己的货币。一个国家对于干涉其货币政策的一切外来力量如此反感，那一定是有其历史渊源的。正因为如此，中国政府非常不情愿把人民币的控制权从国家手中移交给市场，尤其是移交给国际市场。中国人从历史中得到的教训是：一个国家的货币不仅决定经济的成败，而且决定国家民族的生死存亡。现在中国在与西方的贸易中又获得巨大的贸易盈余，又有一个西方最强大的工业国家在想办法让中国人缩减顺差，但这次美国接替了英国的位置，与当年不同的是，现在的中国再也不会屈服于武力胁迫，西方已经没有那个力量了，而且中国作为销售和采购市场的地位又太重要，全球化现在对中国有利。

第3部分

世界货币简史

中国是世界上人口最多的国家。中国是世界上仅次于美国的第二经济大国，而且已经可以预见，它很快会成为第一。中国是头号石油消费国，而香港是全球新股上市最多的地方。中国提供了全世界最重要的增长市场，它是世界出口冠军，是美国最大的债主。所以，北京今天的国际政治地位已经超过了史上任何一个时期。最迟从2008年世界金融危机算起，中国对世界经济的稳定已经可以起到决定性的作用。没有中国，20国集团峰会就一事无成。

　　中国，超级明星。但即便是这样一个经济大国，要成就一种世界货币也绝非易事。

　　标准极其苛刻：世界货币应该被全世界广泛接受，应该被众多国家用于贸易，更有甚者，它应该是国际上普遍的计价货币，比如用它确定油价或大豆价格。世界货币还有一种识别特征：被很多国家的中央银行大量储存在保险库中，也就是说它是一种储备货币。

　　比世界货币更为强劲的是主导货币，那是货币中的货币，一切都围着它转，它是国际货币体系的基石，是全球经济生活血管中流动的血液。几种世界货币相互之间有竞争，而主导货币则高高在上，神圣不可侵犯。目前，货币王国的等级制度是这样的：英镑、澳大利亚元和加拿大元是重要货币，但不是世界货币。欧元、日元，还得算上瑞士法郎，都属于世界货币。

高居货币等级顶端的是美元，它是无可争议的主导货币——目前还算是。在这个名次表中，人民币属于重要货币，可它正在努力攀登世界货币的高峰，而且它具有成为主导货币的潜能，或者，将来很可能出现双极甚至多极的主导货币秩序，人民币至少会成为主导货币之一。

因为，美元不见得会永远统治世界。历史告诉我们，国际货币体系会反复发生深刻的彻底的变革，有些货币的主导地位会得而复失，而另一些货币则会攀升。历史还告诉我们，当一种主导货币所依托的政治经济实体土崩瓦解的时候，这种货币也会迅速一蹶不振。美元并非从来就是世界货币，当它在1792年诞生时，没人想到在足足150年后，它会成为全世界最强势的支付手段。那时候，美元不过是当年的主导货币西班牙银圆的弱小翻版而已。随着西班牙殖民帝国的扩张，西班牙银圆散布到了全世界，因为它太重要了，所以美国人把自己的硬币做得跟它一样重。

银圆对中国、欧洲和南美之间的贸易产生了举足轻重的影响。银圆本可以有更大的作为。制成这种货币的材料非常坚硬，却很容易铸造，特别是开采起来并不费力。由于这些特性，几千年来，全世界各种彼此不相干的文化中都使用银圆这个词。从某种意义上说，银圆是一种自然产生的世界货币，直至19世纪，它在国际货币体系中一直处于中心地位。

西班牙银圆边缘带有槽纹，非常耐磨，因此在质量上远胜于先前的硬币,而且当时没有真正能与之抗衡的候补选择,尽管如此,西班牙银圆终究是西班牙的,就像美元终究是美国的一样。这就意味着:随着西班牙的衰落,西班牙银圆也衰落了。拿破仑击溃这个波旁帝国之后,大不列颠联合王国成了新的世界霸主,随着新霸主的崛起,一种新的金属和一种新的货币登上了顶峰:黄金和英镑。

英国称霸——英镑成了世界货币

全新的英镑是一场钱币革命的产物,它不再以金银币的形式发行,而变成了纸币。早在1694年,英格兰银行就首次发行了手写的纸币,后来开始印刷。为了确保这张印刷后的纸始终维持原来的价值,发行银行可以随时将其兑换成贵金属,也就是说,银行必须有足够的金属储备。英国越强大,英镑地位就越高,西班牙银圆也就越来越落寞了。

英国人渐渐告别了主要用贵金属制钱的传统习俗,这是空前的革新。人类发明货币,就是为了取缔实物交换,并简化大规模的经济交易。货币的作用就相当于一定价值的储存介质,它保证我今天或将来可以用它买到某种服务或产品。金银币不难做到这一点,因为金属本身就有一定价值;而要纸币履行这样的保证就困难些了,因为纸币终究不过是印刷过的纸张,本身并无价值。采用纸币,必须就两个方面作出保证。首先必须保证所谓的"保值"功能。我们必须相信它在20年或40年后还能换来同等价值的东西,到时候这些钱不会变得一文不值。只有在货币使用者相信国家能够保证这一点时,这个功能才能奏效。

其次，钱币纸张必须结实耐用，要是没几年就朽烂了，那样的钱币是没用的。几千年来，无论在政治上还是在技术上，都没有条件发行高质量的纸币，使人们在若干年后还能将其用作同等价值的支付手段。

虽然人类历史上出现过形形色色的货币，从贝壳、象牙、铁到山羊、骆驼等，但没有什么东西比贵金属更适合做货币了。不论是过 100 年还是过 1000 年，银条都不会朽烂，一条金项链的美丽和价值可以代代相传，困难时还可以回炉熔化成黄金再派用场。为什么长久以来贵金属一直被当作货币使用，经久耐用只是最重要的原因之一。还有一个更重要的原因是它的稀少。贝壳或珍珠在一定的条件下也可以长久保存，也可以加工成首饰，但是我们可以在海滩上随意搜集，散个步也许比一整天的辛苦工作更划算。

所以，钱必须稀少，太多了就失去价值了。贵金属就比较稀少，就这点来说它是最合适做货币的，但金属又不能太过于稀罕，否则作为普遍接受的货币，流通数量又太少了。其实黄金并不适于作货币，它不仅沉重，而且比白银稀少得多，作为一种国际货币，实在是太稀少了。所以说，19 世纪时货币从白银转变为并不实用的黄金，是很不寻常的。

其间的原因由来已久，其实也不过就是源于一个原本极其聪明的人的一次简单的计算错误：艾萨克·牛顿，万有引力的发现者。由于经济上陷入困境，这位科学家于 1696 年接受了英国皇家铸币厂的一个职位，并于 3 年后升任主管官员。他的任务是确定白银对黄金的汇率。1717 年，牛顿最终确定，21 个银先令的价值等同于 1 个蒙尼金币。

这个计算错误产生了非常严重的后果。在世界上其他地方，21

个银先令可以兑换更多的黄金。于是,英国人开始储藏白银,运到国外换成黄金带回来,又能在英国换回更多的白银。英国在与中国的贸易中本来就已经损失了大量白银,现在又增加了一条源源不断流失白银的渠道。在之后的 100 年中,岛上的银币日益紧缺,直至在抗击拿破仑的战争中,形势恶化到了极点,英国政府别无选择,只能下猛药了。

英国人把鸦片作为商品,在对华贸易中不仅遏止了白银的流失,而且还使白银倒流回来,现在他们以同样的魄力在国内也采取行动了。他们正式限制使用银币。1816 年,最后一次与中国皇室和平协商的努力宣告失败,在同一年的铸币厂文件中规定,对于 2 英镑以上的款项,除纸币外,只许以金币作为合法的支付手段。

铸币厂的文件规定一镑金币的价值与一英镑完全相等。纸币可以在银行兑换成黄金,以黄金为锚保障纸币的价值。白银将来只能铸成小钱,较大的银币和银条都要回炉熔化。先前可以用黄金或者白银计价的商品,现在只能用黄金,也就是用英镑计价。

其他国家对英国人铁面无情的一刀切政策都持怀疑态度,因为当英国政府建立以黄金和英镑为中心的货币体系时,其他大多数国家还在使用白银,或至少金银兼用。很显然,英国能否成功地在全世界推行这一以黄金为货币锚的新举措,就要看它的政权实力如何了,一如今日中国的情形。

英国人成功之迅速出乎全世界的预料,他们证明了自己的强大。黄金开始向全世界胜利进军。其实道理很简单:在美洲、非洲乃至印度、澳大利亚,英国人的影响力越大,黄金支持的英国货币作为国际支付手段也就越重要。短短几十年间,英国战舰的火炮和工业化革新使英镑成为全球首个纸质的世界货币,而黄金也随之跃升为头号保值手段。

国际贸易进入了前所未有的全盛时期，而英国也因工业革命成为全世界最富有的国家。19 世纪中叶，英国人的生活水准是最高的，在全世界范围内，他们的技术产品是最优质的，他们的银行是最有影响力的。不到 50 年的工夫，英国就接替西班牙成了世界货币的主人，这方面最重要的表现就在于为贸易筹措资金以及向国外投资。

英国的银行是国际项目最偏爱的伙伴，这是一种不可低估的权力要素。世界上最富有的银行和富人把他们的财富转变为金融投资，以英镑支付，英帝国简直成了最大的债主。虽然巴黎、柏林以及迟疑不决的纽约后来也都成了金融重地，但与泰晤士河边的大都会相比，所有这些城市都黯然失色了。各种商业理念、行业部门以及产品，哪些能得到资助扶持，哪些得不到，都由英国决定，这种决定权在 20 世纪中后叶落入了美国华尔街，而现在则常常向中国香港转移。

越来越多的国际贸易用英镑结算，为了规避汇率波动带来的风险，世界各国一个接一个都投奔了黄金。1871 年，新建的德意志帝国在德法战争胜利之后弃银投金，法国在 1878 年随后跟上，一年后美国也如法炮制，最后，当时所有的工业大国都使用黄金保障本国纸币的价值。

于是形成了一种固定汇率体系：金本位制，这种体系勉强熬过世纪之交，一直维持到第一次世界大战爆发的时候。比方说，一个德国马克等价于 0.36 克黄金，而 1 英镑等价于 7.3 克黄金，那么德国马克对英镑的汇率就是 20.43:1。

这种建立在黄金基础上的国际货币体系存在了 40 多年。虽然贸易全球化程度日益提高，可各贸易大国的货币还是能够保持稳定。比较严重的贸易不平衡可以通过所谓的黄金自动机制得到解决。简而言之：如果一个国家的产品价格在世界市场上低于其竞争者，那么随着出口额的上升，这个国家就会收入更多的黄金，于是国内的货币流通量就会增加，货币贬值，通货膨胀加剧，工资和物价都会上涨，直至出口商品的价格也随之上涨。这是一个缓解贸易不平衡的机制。

第一次世界大战，英国霸权没落的开始 I

20 世纪的第一场灾难不仅给战败国德国和奥匈帝国带来了深重苦难，而且也使战胜国英国损失惨重。虽然英国人在战场上大获成功，可他们的货币却开始步履维艰了，或者我们也可以这样说：这正是他们的胜利造成的后果。战争是昂贵的，不光是直接的花费，还有隐性的消耗更可怕，几十年来，英国严格的预算纪律和财政政策为国富民强奠定了良好的基础，而今为了打赢这场战争，这一切都废弛了。英国政府吸取了反拿破仑战争的痛苦教训，把节约作为政策的重中之重。这个岛国节衣缩食，最终到 1900 年把国家债务压缩到了国内生产总值（BIP）的 30%。这个数字对于今天的西方工业大国来说只能是个梦想，即便在金砖国家中，也只有中国能达到这个数字。在 19 世纪初英国的债务还曾超过 200%。

随着世界大战的第一声枪响，财政政策中规中矩的时代烟消云散了，随之逝去的还有世界上第一个国际贸易和全球化的黄金时代。现在到了孤注一掷的危急关头。武器生产比货币稳定和财政巩固更重要。像所有其他参战国一样，英国宣布战时纸币不能兑换黄金，于是金本位制暂时中断了。为了支付战争费用，他们开始大量印钞，欧洲政治家们一致认为，这是紧急措施、权宜之计。开始还没人担心通货膨胀，人人都以为战争很快会结束。可是这场角逐欧洲霸权的混战持续了四个漫长的年头，损失惨重。到了战后，金融界想再重新回到昔日秩序井然的金本位制，就没那么容易了，尤其是英国，虽然它很想再现昔日的辉煌，可是眼下国内形势之艰难超过了欧元危机中最艰难的希腊。

英国政府进退维谷。现在英镑该贬值吗？废除战前每英镑 7.3 克黄金的比率，而减少每英镑兑换黄金的数量？通过货币贬值，可以直截了当地将一部分战争债务一笔勾销。还是应该重新恢复战前严格的汇兑平价制度，在国内厉行节约？这也是今天欧洲人和美国人处理高额国家债务时所面临的抉择：紧缩政策还是通货膨胀？

英国工人，就像今天的雇员一样，他们宁可要通货膨胀，也不愿走节约路线。工人们有他们的理由：英镑疲软意味着英国货可以在世界市场上卖得比竞争对手便宜，这可以大大推动英国经济的发展，而且工会也可以要求涨薪了。从短期来看，这似乎是个较为理想的选择，尤其因为与几十年前相比，现在出口工业所面临的西方各国的竞争要激烈得多。

通货膨胀——一石三鸟。但是英镑贬值违背了英国和殖民地储户的利益，他们将自己的财产以英镑形式储存起来，为战争提供了资助，现在如果以降低英镑对黄金的牌价来惩罚他们，相比战前，他们的资产将一下子大幅缩水。200 年来，德高望重的英格兰银行一直是英国币值稳定的保证，现在它的声誉岌岌可危了。

1925 年，就在这样进退两难的困境中，新任财政大臣温斯顿·

丘吉尔最终作出了一个艰难的决定。在布莱尼姆宫一次晚宴的前夕，他认真倾听了两方面的意见，最后独自一锤定音，坚持原则的丘吉尔今后应该把这个决定看成是他一生中所犯的最大错误：像1914年前一样，1英镑可以在英国央行兑换7.3克黄金。也就是说，要稳定，不要通货膨胀。这对所有的储户来说是个好消息，他们的储蓄还是像战前一样值钱，但是对英国经济来说，这是个噩耗，丘吉尔的决策扼住了英国经济的咽喉。英镑价格居高不下，剥夺了出口商们降价的余地。虽然他们的产品在国际市场上广受好评，但价格远远高于德国、法国和美国的竞争对手。长久以来，英国一直是纺织业无可争议的领军者，而现在这个行业中的国际竞争日趋激烈。而在金贵货币的高压之下，化学工业、电子工业和汽车工业等新兴产业在英国甚至得不到真正的发展，因为没有足够的资金用于投资，竞争又太激烈，所以英国永远成不了现代化的汽车工业大国。几十年后，英国被迫将自己的知名品牌"宾利"卖给了大众，——偏偏是德国大众，还有1923年由威廉·莱昂斯创建于布莱克浦的"捷豹"，70年后被卖给了美国第二大生产商福特，美国当时是称霸已久的世界大国，而现在这个商标属于曾饱受英国殖民统治的印度人，对于这一切，丘吉尔的决策都难辞其咎。

丘吉尔当然没有想到这些。从短期的发展来看，他的决策似乎还是英明的，英镑暂时保住了主导货币的地位。当时这种货币也是得益于习惯的力量，一如今日的美元。英国幅员辽阔的疆域以及与之密不可分的政治权力当然还能勉强维持英镑的地位。就像现在的人民币在美元的传统优势面前只能一步步缓慢壮大，当年的美元要想成为英镑不可小看的竞争对手，也是很不容易的，尽管到了19世纪末，合众国的国民经济早就超过了德国和英国，上升到了世界首位,这个位置它保持至今,当然也已经是强弩之末了,在今后的十年内中国很可能赶超美国。而在中国经济扩大影响力的同时,人民币也将赢得相应的国际地位。

虽然美国自1880年起就是世界经济的领袖,但在"一战"前美元还无法真刀真枪地与英镑较量,它甚至还不是奥地利先令或荷兰盾的对手。其他一切权力要素还在欧洲手中,其中包括不列颠殖民帝国辽阔的版图,是最重要的金融中心以及经济中心,但这些也都摇摇欲坠了。英国人做梦也没想到英镑的没落会来得这么快,继美国在近170年前脱离英国宣布独立之后,这是英国的又一件伤心之事。

美元现代化——路漫漫其修远兮

美利坚合众国于1776年宣布独立,从此脱离了不列颠殖民帝国,大约10年后美国人决定开始使用美元,1792年开始铸币。货币名称本身就是纲领,彰显了美国政府的雄心壮志,它想与英镑划清界限,向西班牙银圆的伟大时代靠拢。新货币的大小重量都效仿西班牙银圆,但并不是为了什么象征意义,而是出于实用的考虑。

银圆在独立前的美国广泛流通,甚至为法律所接受。英国为了强调美洲殖民地对宗主国的依附性,曾经禁止其自行铸币。在美元产生后很长一段时间内,西班牙银圆继续流通,在1875年前,美国境内一直是两种货币同时流通。

美元最早的纸币是在1861年美国南北战争期间发行的,当时没有为此准备贵金属锚。为了支付战争费用,交战双方都大量印钞，——印得太多了。随着北方联邦的胜利，北方的纸币"绿钞"也战胜了南方的"灰钞"，灰钞也就一钱不值了。早在南方军队投降前好几年，南方联盟的失败就已经注定了，因为灰钞的通货膨胀率比绿钞高得多，只要看到这一点，战争的结局就不难预见。

战争结束后，按照国际通行的惯例，美钞也需要一个贵金属锚，使它的价值能够得到民众的信任。美国也遇到了英国曾经遇到过的问题：黄金还是白银？还是二者兼用？支持白银的院外活动团非常强势，但是在 1879 年，美元最终还是冲破重重阻力与黄金挂上了钩，但是很多美国人认为金本位制是个不祥之物，所以争议此起彼伏。黄金太稀缺了，为了不危及货币的稳定，新印的美元数量也只能是非常有限的，总不能每新印一张纸钱，就在中央银行的保险库里添入一个价值相等的小金锭。

金荒引起了钱荒，拖累了经济，美国经济螺旋形下降的趋势直至 19 世纪末才得到遏止。货币流通量跟不上经济的增长和商品供应量的不断增加，物价下跌引起了大面积的通货紧缩。钱少就意味着贷款更少，投资更少，工人就业也就更少，就算找到了工作，也不能指望收入会有多高。所有的人都捉襟见肘，节衣缩食。与此同时，存款却越来越金贵。日常消费品要想卖得出去，就得不断降价，这又使得生产企业支付的工资越来越少。

黄金的稀缺原因并不在于美国自身，而是早期的全球化造成的第一个后果。当时全世界大多数国家都以贵金属为货币锚，而贵金属又不是取之不尽用之不竭的。美国起步太迟了，国内的金矿又非常有限，当时几乎不参加任何国际贸易，所以也无钱进账。所以说，在那个时候，一个世界性的趋势就可以给局部地区造成重创了。食品降价首当其冲的受害者是美国农民，他们常常得以很高的利率贷款购买种子,当他们要卖出粮食、蔬菜和肉类时,售价比贷款时所核算的价格又降低了。

美国出现了裂痕:有钱人越来越富有,因为用同样数量的钱能够买到的东西越来越多,而债台高筑的人则越来越穷。于是贫穷的工人、农民、职员和小企业主要求金银兼用来奠定美钞的价值,这样可以印制更多的美元,以缓解钱荒。白银支持者四处活动,有些人甚至将此视作童书《绿野仙踪》的灵感来源,书中有穿着银鞋在黄金大道上奔跑的情节,象征着金银复本位制下的轻松愉快。

但是面对由美国东岸富有的银行家、大商人和西部的铁道主组成的支持黄金的院外活动团,白银支持者们毫无机会可言。一切照旧,甚至更糟,因为国内政治争端的代价是很高的,美元成不了国际贸易货币,得不到广泛使用。一个随时可能采用复本位制的国家正在摩拳擦掌准备开动印钞机,它的货币相对于完全由黄金支持的英镑马上就要贬值了,谁还肯把自己的钱兑换成这样的货币呢?

美国内政带来的后果对几十年后的中国还有影响。美国大量购入它并不需要的白银,以安抚白银支持者,这种补助政策促使国内大量开采白银,于是世界市场上的白银就供过于求了。中国当时还是以银圆为基础进行核算的,到 20 世纪三四十年代,通货膨胀加剧,国民党政府在其削弱之下变得不堪一击,最终在毛泽东领导的共产党革命中败下阵来。全球化的结果:中国成了共产党的天下,美国的白银补助政策竟然也有一份间接的功劳。

美国围绕着复本位制发生了内政争端,加之有人担忧货币贬值,这些目光短浅的行为遏制了美元在国际上的胜利进军。就像现在,欧盟各国政府在内政问题上鼠目寸光、斤斤计较,而欧元的前途就掌握在它们手中。与今日的欧洲人和中国人不同，"一战"前的美国人对跻身全球金融领域根本毫无兴趣。相比英国，美国人没有国际性的银行网络，甚至连中央银行也没有一个，而掌控货币政策，为国际贸易提供一个强大的金融中心，这都是中央银行的职责。货币由听命于财政部的所谓的国家银行发行。中央银行早就成为国际标准了，而美国人只当什么都不知道，该国的政治家们一直认为没这个必要。

亚历山大·汉密尔顿，美国的开国元勋之一，他在1791年试图以英格兰银行为范本建立一个中央银行，但是遇到了强大的阻力。反对者们担心的是，中央银行权限过大，有了它，美国的财政体系就会落入一小撮未经民主授权的精英之手。这样的担心倒也并非杞人忧天，但直至200多年后在21世纪的第一个十年中才变为现实：正是这些政治家和银行家精英们的大肆投机给全世界带来了危机。

围绕着这个机构，美国国内的拉锯战持续了数十年。虽然中央银行于1791年成立了，但仅仅20年后就被取缔了，理由是：宪法没有赋予国会建立银行的权力。此后货币供应无人监管，私人银行随随便便就能自己发行货币，经济驶入了艰难的航道，于是5年后又作了一次新的尝试，成立了新的中央银行。但是新的中央银行还是只有20年的寿命。当时的美国总统安德鲁·杰克逊又把它看成银行家和知识分子精英们手中的工具，他们用它来偏袒东北部的利益，而损害了南部和西部，所以他又把这个机构给取缔了。

在这之后，美国凑活着过了将近80年没有中央银行的日子，直至一次严重的金融危机才使美国人恢复了理智。

1907年华尔街行情暴跌，很多企业都发生了资金困难。为了稳定经济，是时候建立一个为进出口业务提供资金的贸易贷款市场以取代股市了，这个市场可以抵御投机分子的侵蚀，因此具有稳定美国金融系统的潜能。问题在于：该由谁来建立这样一个市场？私人银行没有这么雄厚的资金实力。当时华尔街的金融机构非常依赖一个人的帮助，他就是金融巨头 J.P.摩根。幸运的是，摩根感觉到了自己肩负的责任，他把一些顶级的银行家请到自己家里，不给金融市场整理出一个急救包，谁也不许走。于是形势得到了缓和，局势的扭转仰仗的不是一个机构，而是一个只手擎天的金融神人，但是下一次金融危机来袭的时候，他还能有兴趣出手相救吗？

为了使金融市场对这种大慈大悲或随心所欲的个人干预减少依赖，像现在一样，政府组织了一个使团，远赴欧洲对中央银行进行考察。英格兰银行、法兰西银行，特别还有德意志帝国银行，它们的成功最终说服了迟疑不决的美国国会，而国会中反对建立中央银行的人还是像 80 年前一样，批评权力集中，警告说权力会落入东岸的一小撮金融精英之手，但令他们失望的是，伍德罗·威尔逊总统于 1913 年签署了一项法令，在此基础上建起了美国的中央银行：联邦储备系统，简称美联储（Fed）。

美元上升为世界货币的又一个先决条件得以实现了，虽然这并非美国人的初衷，就像今日的中国人，他们优先考虑的还是国内经济。国家银行得到许可，可以在国外建立分行，然后购买所谓的承兑汇票，那是国际汇款出现之前的国际贸易金融工具。从此以后，美国的公司在与他国交易时可以直接用自己的货币结算了。当时的美国商人很快就从自己的钱包里感受到了新规定的好处。比如说，在这之前，一个美国进口商要是想在南美买香蕉，他就得通过欧洲的一个账户支付货款，这个账户通常是在伦敦，所以通常是用英镑结算,而将来再也不需要绕道用英镑,甚至在少数情况下还可以用法郎或德国马克结算了。

美联储的建立加强了美国银行对对外贸易的支持力度,这是美元成为世界货币道路上的重要一步。但是,致使美元最终登顶的决定性推力却不是来自美国自身,而是英国的衰落和世界政治大气候帮了美元的忙,使它登上了权力的巅峰,就像后来人民币和美元的情形。

第一次世界大战,美元晋级 II

如上所述,第一次世界大战使英镑作为世界货币开始走向没落,同时也为一个对手的发展壮大提供了契机。要是没有"一战",美元作为国际贸易货币,恐怕还得长长远远地跟在那些圆滑老练的欧洲对手后面亦步亦趋,蹒跚跋涉。但是在战争期间,美国从一个主要着眼于国内的经济体转变成了一个全球贸易巨人。这个转变与其说是美国人长期策略的结果,不如说是资深赛手出人意料的困境造成的。美国可以提供欧洲参战国所需要的原材料、食品和工业产品,美国经济抓住了千载难逢的机遇,排挤窘迫的竞争对手,以图长远占领欧洲市场。

这场战争对于美国金融业和美元来说也是福音,一如美欧经济的疲软成了中国世界货币晋升的有利契机。

美国人出卖商品时当然要求对方支付美元。几年战争下来,参战国帑藏耗尽,美国的银行就开始慷慨地发放美元贷款,法国和英国负债最重。美元不仅通过美国的对外贸易得到广泛传播,而且参战国以及第三国之间也越来越频繁地通过美国进行贸易。英国的银行在战前是全世界的金融巨头，但是鉴于战争风险，伦敦已不能再承担大多数进口商品的支付往来，英国人现在只能指望通过稳定的北美金融市场进行国际贸易了。他们的口号是：宁可多花点钱通过美国购物，总比什么都买不到强。

美国人看到了机遇，高兴地乘虚而入了，他们在拉美和亚洲占领了欧洲人无暇顾及的地盘。英国人大大低估了美国攻势的后果，这又与如今的形势相仿。自负的英国人相信，只要欧洲经济和金融业恢复了元气，美国人就得退避三舍，这是个误区。美国人很喜欢他们的新角色，他们努力说服进口商和出口商继续用美元进行交易，这也并不需要多么出色的口才，外国商人们很快就认识到了美元作为结算货币的价值。

战争期间英镑不能兑换黄金，而美元却与黄金牢牢挂钩，所以，相比因沉重的战争负担而面临贬值的英镑，美元要稳定得多。这个岛国光是欠美国人的债务就高达 120 亿美元，这么个数字在当时就像今天美国人欠中国人 3 万亿美元债务一样令人难以置信。英国的盟国法国和意大利同样债台高筑。

美国人当然是要求偿债的。英国的政治强势在其债主面前很难施展，这又很容易让人想起近日来中国和美国之间的力量对比，只是现在轮到美国人千方百计逃避向中国人偿债的义务了，他们之所以会表现出这样的姿态，原因也很简单，那就是谁也不知道还债的钱该从哪儿来。但当年的英国人可比现在的美国人明白多了，他们知道只有成功地还清了债务，英镑才能重新回归独一无二的主导货币的地位。

为了还债，英国把敌对的德国当成了摇钱树，德国虽然战败了，但其工厂大都还完好无损。战胜国向德国索赔1320亿德国马克，相当于47000吨黄金，按照现在的比价，大约就是7000亿欧元，其中52%归法国，10%归意大利，22%归英国。战胜国打算将这笔款项立即转手交给美国，以清偿他们的贷款。

但这只是计划而已。事实上，年轻的德意志帝国正在全力以赴抗拒"凡尔赛和约"带来的"耻辱"。德国自己的财政状况已经非常困难了，无钱支付赔款，所以用煤和钢替代。1923年1月，法国决定用军事手段实现自己的索赔要求，派军占领了德国的工业心脏鲁尔区，德国政府号召民众进行消极抵抗，随后开始了声势浩大的罢工和破坏活动。为了在经济上资助罢工和失业的工人，山穷水尽的德国政府别无选择，只能加紧开动印钞机，到1923年底，通货膨胀已经发展到了失控的地步。

战胜国反正是难以如愿以偿了。最后，每年偿付的战争赔款削减到了一个德国勉强能够忍受的数额。鹬蚌相争，渔翁得利：正在崛起的金融大国美国又一次敏捷地抓住时机，进一步扩大了自己的全球影响力，它宣称愿意贷款给德国。于是产生了一个奇特的美元循环：美国政府向德国发放美元贷款，德国用这贷款履行向欧洲战胜国支付战争赔款的义务，而这些战胜国又将这笔款项用于偿还欠美国的债务。

如今的形势与当年惊人地相似。眼下美国的处境正如当年的英国。从2003年到2012年，美国对伊拉克和阿富汗发动的战争耗资约13580亿美元，虽然这不是美国负债的全部原因，但也是很重要的原因，就像早先英国因战争负债一样。像"一战"后的英国人一样，美国人也指望战后能够回收战争开支，他们首先觊觎伊拉克的油田，但是没能如愿，旷日持久的战争耗费的财力超出了预计，而偏偏是中国人在伊拉克获得的油田比美国更多。虽然美国在军事上还是世界老大，它在世界各地驻军之多是任何一个国家无法比拟的，从欧洲、亚洲到非洲，到处都有美国军队，但是再仔细看看，就能发现瓦解的端倪：尽管美元仍是主导货币，但美国的全球军事基地网已日益破败。美国人已从伊拉克和阿富汗撤军，亚洲驻军也不得不裁军，他们再也无法把美军的非洲指挥中心从斯图加特迁往非洲，因为没有哪个非洲国家愿意接收他们的将军。

全球驻军总是一个虚假的强盛表象。回顾英国的历史也能看清这一点：仅以帝国的疆域为标准，"一战"后的英国比现在的美国还强大，直到上世纪二十年代中期，大英帝国的版图才达到历史巅峰，但那时英镑早就衰落了，世界帝国只是一个外强中干的巨人。为了保全面子，丘吉尔作出了以战前的汇率回归金本位制的决定，这却加速了英镑的衰落。虽然，从短期来看，英镑依然高居外汇首位，但是英国为这个货币决策所付出的代价很快就要掩盖不住了。

20世纪九十年代末，美国总统比尔·克林顿的政策就像丘吉尔这个决策一样短视，这个政策使低收入的美国人很容易得到房贷，但他们永远还不起贷款，这一点从一开始就毋庸置疑。美国银行家们以似是而非的国家担保把这些债务卖给外国人，充当稳定的投资，但是在2008年夏天，首先是中国拒绝继续奉陪，美国银行家的梦想也就破灭了。这使得人民币地位上升，同时中国人的政治地位也日益重要起来。西方世界不得不把8国峰会调整为20国峰会，少了中国人就作不了任何重要的决定，美国人太高估自己了。

丘吉尔的决策也难逃自视过高之嫌，最后的结果只能是使紧盯着英镑的美元越发加紧了步伐。当时美国的经济太强大了，美元最终取代英镑只不过是个时间问题。当时的大英帝国也像现在的美国一样过度扩张，随着英国从殖民地逐步撤退，英镑也败下阵来，将自己的阵地拱手让给了美国。

世界经济危机，第二次世界大战，布雷顿森林体系——美元连跳三级跃居世界巅峰

"一战"之后又经过两大灾难，即 20 世纪二十年代末三十年代初的世界经济危机以及比一战更为惨烈的"二战"，美元才最终确立自己的地位，成为全世界最重要的货币，这个地位它坚守了几十年。"二战"结束之前西方工业大国就已经经过深思熟虑，决定建立一种汇率制度，以抵御之前几十年中不良发展和经济危机的侵蚀。1944 年 7 月，在美国东岸的度假胜地布雷顿森林，44 个国家的代表聚集一堂，协商建立了一个新的国际货币体系。只要看看谈判地的选择就足以明白将来谁说了算：美国。

创造"经济奇迹"的偏偏是"二战"的战败国德国，它能以这么快的速度赶超战胜国法国甚至欧洲的经济大国英国，与所谓的"布雷顿森林体系"也是不无关系的。在这个体系中，各种货币相互之间不能自由交易，而只能通过一个固定的汇率进行兑换。一开始德国战败者的马克币值很低，而英国战胜者那骄傲的英镑币值却相当高，造成的后果就是德国的产品可以廉价出口。

为了更好地理解布雷顿森林体系的规定，我们有必要从头了解事情的来龙去脉：这个体系是对世界经济危机的回应，1929 年10 月 24 日，也就是所谓的"黑色星期四"，美国股市道琼斯指数暴跌，这就是此次世界经济危机的开始，但其实前几个月就已经初显

端倪了。危机所到之处，数百万人失去工作，失去财产，变得一贫如洗。深受打击的各国政府面对这无法解决的难题，试图通过国家干预和贸易保护政策结束危机，让国家重新回到经济增长的轨道上来。当时也没有什么全球性的共同战略可以对付这种危机，自私自利的民族主义只能导致危机加剧，使国际局势更加动荡。在货币政策的层面上也发生了激烈的争斗，各国政府纷纷以邻为壑，损人利己，千方百计刺激本国经济。当时最轰动的事件是：世界大国英国栽了跟头。从 1929 年到 1931 年，英国的经常账户赤字不断增加，英国人买得比卖得多，最后发展到用黄金支付货款，因为接收英镑的外国人宁可把这种他们觉得已经不大可靠了的纸币兑换成坚挺的贵金属。成吨的黄金流向国外，一去不复返了。而黄金本是用来担保纸币价值的，现在政府还能保证这一点吗？市场上充斥着不信任，谁也不知道英镑是否还能保持价值。从 1931 年 5 月到 9 月间，英格兰银行将"最低贷款利率"从 2.5% 提高到了 6%，试图以此吸引外国资本流入英国，遏止逃离英镑的潮流。

但是太迟了。时间一长，政府就再也约束不住市场了，该来的总要来。到了 1931 年 9 月 19 日，英格兰银行再也顶不住逃亡运动的强劲势头，不得不放弃了 6 年前才艰难恢复的金本位制，一切承诺担保都化为乌有。之后仅仅三个月，英镑就失去了大约三分之一的价值。

对于那些以英镑储存自己财产的人来说，这是个噩耗，但是对于曾经辉煌的英国经济，尤其是对于英国出口工业，这是件好事，"英国制造"现在便宜多了。同时英国央行又能增加贷款，降低利率了，因为现在毋须再吸引外国资本来维持那高得不切实际的汇率了。

但是好景不长。因为别的国家眼看坚守不住，也一个接一个地放弃了金本位制。世界货币英镑的疲软使得各种货币的稳定性普遍都受到了质疑，而且也没有哪个国家愿意把货币贬值带来的好处让给自己的贸易伙伴。在这次所谓的"英镑危机"之前，奥地利和德国就已经立法限制黄金的流失，现在别的国家也纷纷效仿英国，把汇率交给了自由市场。

在这场山崩地陷中，美国抗争了很长一段时间。但是贸易伙伴的货币贬值削弱了美国工业的竞争力，并且也与一切结束危机的努力背道而驰。美国人支撑了三年，到1934年，富兰克林·罗斯福总统将金价从每盎司20.67美元提升到了每盎司35美元，相当于美元贬值超过40%。

世界渐渐裂变成了几个相互隔绝的经济区，竞相采取货币贬值和贸易保护的措施，以达到损人利己的目的。与美元区对峙的是以不列颠殖民帝国为中心的英镑区和以法兰西殖民帝国为中心的法郎区，另外还有法西斯德国领导下的中欧区。1914年前稳定的货币体系曾使世界贸易获得开放和增长，但那个时代已经成了历史。从1929年到1932年，世界贸易总额从330亿美元下降了61.5%。

贸易战争之后，真正的全面战争接踵而至。欧洲国家还没有从第一次世界大战的破坏中恢复经济元气，就被卷入了第二次世界大战。德国攻打了英国，英国人别无选择，只能全力以赴保家卫国，同时也希冀从此永远摆脱德国的廉价竞争。但是到了1945年5月，形势非常明朗了：欧洲没有真正的赢家。由于德国人的祸害，欧洲出局了。曾经的世界大国英国终于走到了穷途末路，虽然这次它又是战胜国。最大的赢家是美国，德国投降，战争结束，其间功劳最大的是美军。

虽然美国在"二战"前就是领先的世界经济大国,但是到了"二战"后,它再也没有一个旗鼓相当的对手了。关于经济新起点的谈判应该在哪儿进行,不用问也知道,一定不会在英国,而是在美国。美国感兴趣的不仅仅是一时的好处,它想要的是一个长长远远有利于自己的世界经济新秩序。目标是建立一个像"一战"前的金本位制那样稳定的体系,但又要避免随之而来的危机,不能再重演1920 年代的经济骚乱和 1930 年代的分崩离析。有一点是肯定的:新的世界贸易体系必须比传统的金本位制更灵活。

在世界经济危机中,为了遏制黄金的流失,维持本国货币对黄金的汇兑平价,各工业大国都提高了利率,而这又加剧了危机。利率一高,贷款就金贵了,于是危机期间投资就更少了。对黄金的依赖最终阻碍了国家在危机中增加贷款,刺激经济增长。

新的国际货币体系不该再产生这样的恶性循环,所以一成不变地回归金本位制是不可取的。欧洲西部的战胜国,比如法国,尤其是英国,都希望自己的劳苦艰辛能够在布雷顿森林得到回报,但是希望落空了。世界新秩序和经济繁荣的基石应该是一种新型的国际主导货币,它能稳定别的货币,在需要的时候可以想印多少就印多少,以便源源不断地为经济发展提供足够的贷款。

欧洲人的合理建议甚至根本得不到考虑。英国代表团中有一位约翰·梅纳德·凯恩斯,他是那个年代最杰出的经济学家之一。他提出采用一种名为"班科"(Bancor)的国际货币,它只存在于纸面上,所有国家的货币都与它挂钩;设立国际机构监管这个体系,并通过制裁机制防止国家间贸易和储备的不平衡。

凯恩斯计划也许有其经济意义,但在政治上是行不通的,尤其因为凯恩斯是个英国人,很容易受到这样的质疑:英镑既然已经失势，他提出这样的方案无非是为了不让别的国家独自掌控新的主导货币，但是很显然，这在美国人那儿是通不过的。"二战"对欧洲和亚洲造成的重创远远超过"一战"，城市和工业重地被摧毁殆尽，只有美国经济完好无损。美国的工业生产占全世界 50%，它此时的经济实力已经超过了它当年的宗主国鼎盛时期的经济实力，全世界黄金储备的三分之二归它所有，它是遥遥领先的头号出口大国。形势表明这样的情形将会维持很久。谁知道重建被毁的国民经济需要多少时间呢？重建首先得依赖美国的产品，而这些国家却不太可能向美国出口什么东西。所以美国不打算谦恭礼让，这也是可以理解的。它正要尽情享受自己的新权利，为什么还要听命于一个超国家的组织呢，而且还是一个英国人的主意？所以到最后，偏偏是策动战争又输掉了战争的德国，成了布雷顿森林体系在欧洲的最大受益者。流落远方的没教养的穷亲戚现在居然接管了控制世界的权力，这对英国人来说真是难以置信，就是一个中立的旁观者也觉得这事简直不太可能发生。美国人从放牛娃变成牛仔，最后成了世界警察。对于世界警察来说，德国作为最靠近铁幕的前线堡垒，它的繁荣富强比公平对待英国人更重要，也正因为如此，相对于美元，英镑的币值高于德国马克。

而美元得成为世界上最最坚挺的支付手段，也就是新的主导货币。这样，在布雷顿森林最终形成了一套既简单而又无与伦比的体系：以美元为中心，其他所有的货币都以固定的汇率与美元挂钩，现在统治世界的是美元而非黄金，马克、英镑和法郎可以说成了美元在局部地区的代表。这不啻是个历史性的大新闻：前欧洲殖民地的货币在历史上首次成为世界货币。新旧两个货币大国的文化毕竟还有很大的交叉性，连这都不能阻止新兴的霸主巧取豪夺。

下一次美国把接力棒传递给中国的时候，两者之间的文化差异就明显多了，亚洲的新贵会因此心慈手软吗？

在布雷顿森林体系中，黄金的地位依然重要。美元还是以从前的平价与黄金挂钩，即每金衡盎司黄金等价于 35 美元。外国的中央银行随时可以用自己的美元储备从美联储换取黄金。这个承诺分量很重。

另外还设立了两个机构监督和管理这个体系，国际货币基金组织(IWF)和国际复兴开发银行(IBRD)，这个银行就是世界银行的前身。几十年来都是美国在这两个机构中发号施令，但是眼下中国人在其中的影响力与日俱增，他们派驻国际货币基金组织的代表是朱民，而林毅夫则出任世界银行的首席经济学家和副行长，另外，2012 年 6 月，中国向国际货币基金组织增资 430 亿美元，份额上升到 4%。其他国家现在提出的问题是：如果国际货币基金组织将来为中国的利益服务了，将会发生什么样的变化呢？

让成员国保持对美元的固定汇率，这本来就是国际货币基金组织的任务。如果一个国家的货币长期处于贬值压力之下，那么在一定的时间段内，就会有更多的本币被兑换成美元，而不是反过来，虽然该国的中央银行也可以进行干预，用自己的美元储备收购过剩的本币，以支持本币对美元的汇率，但是外汇储备耗费过多，早晚会有维持不了固定汇率的一天。在这种情况下，国际货币基金组织可以发放贷款，以缓解中央银行的燃眉之急。如果这个问题久久得不到解决，在布雷顿森林体系的框架内，本币对美元贬值也是可能的，但要经过国际货币基金组织批准，也就等于要经过美国人批准。如果说英国曾经是没有经过官方认可的全球货币霸主，那么美国人现在是通过国际机构巩固了自己的权力。

相比可以自由浮动的汇率,这个体系是比较僵化的,人们以为它能抗危机,而国际货币基金组织要负责解决其中的一个基本问题:必须"正确"确定各种货币之间的兑换关系,使之符合各国的经济发展水平,避免产生不公。如果把一种货币的币值定得太高,那么本国的商品在国际市场上就会价格太高,缺乏竞争力,币值过低,又会使竞争对手遭到过度挤压。但国际货币基金组织首先要保障的是美国在世界上的政治经济抱负得以实现。比如美国人知道,他们必须助萧条的欧洲一臂之力,以使欧洲人能买得起他们的产品。他们现在最乐意帮助的是,最依赖他们并且几十年内只知埋头苦干,不会奋起反抗的人:战败的德国人,所以在美国人的指使下,英镑币值被定得很高,而德国马克则相对较低。俄国人与西方同盟国绝裂之后,美国对英法就更好交代了:给德国投资是为了捍卫自由世界,这可是头等大事。低汇率是德国创造经济奇迹的秘密武器之一。看到德国人从中受益良多,40年后中国人也人为压低自己的币值,但与德国人不同,他们是违背了美国人的意志,完全依靠自己的力量就能坚持下来,美国人对此怒不可遏。

那时像现在一样:如果一个国家的经济实力改变了,固定汇率很可能成为负担。没有人比中国人更明白这一点,为了既不损害自己的经济,又不至于逼急了西方和亚洲的竞争对手,他们必须常常斟酌本国货币对美元的升值幅度。在布雷顿森林体系中调整起来更为困难,因为不是一种货币,而是所有的重要货币都需要一个固定汇率。国际货币基金组织必须承担这个既重要又吃力不讨好的任务,摆平动荡不定的局面,而为毁于战火的国家准备并提供重建资金则是其兄弟机构国际复兴开发银行的职责,它是世界银行的前身,最初几年主要在欧洲活动,以后才渐渐将工作重心转移到了发展中国家。

美国人的精明算盘成效卓著：美国在布雷顿森林把美元确立为无可争议的头号货币之后，它作为世界经济大国的优势地位才得到真正的巩固和加强。所有重要的原材料现在都以美元计价，美元成了万能的贸易货币，并且由于黄金的支持，外国中央银行都把它当作"像黄金一样好"的储备货币。美元再也没有对手了。

美国人从中获得了无法估量的好处，法国前财政部部长即后来的总统瓦莱里·吉斯卡尔·德斯坦称之为"无耻的特权"：美国人现在可以到世界各地去购物，支付的不是黄金或他们自己的产品，而是纸钱。作用原理是这样的：美国人用新印的美元购买外国的产品甚至整个公司，外国的企业主在向美国销售商品之后，就去本国的中央银行将美元兑换成本币，而中央银行则用美元代替黄金充实外汇储备。

这样顺利运作了 50 年，太平无事，直至 1990 年代中国人也开始囤积美元。他们的美元主要来自于销向美国的大量的中国制造产品，近年来他们是这方面的世界冠军，于是他们也成了美国最大的债主，北京现在可以把这个权力转化为政治资本。现在的美国政府在与北京争利的时候就已经变得小心多了。

中国人第一次成功地用货物颠覆了美元体系。至少在这件事中，美国的伙伴们对美国的单方面依赖已经发展成了双方相互的依赖。在 20 世纪 50 年代谁也想不到有朝一日会出现这样的局面。虽然当年的苏联拥有的导弹超过美国，但是美国作为世界金融大国的优势地位好像是永远不可撼动的，而卢布出了苏联就没有任何竞争力了。

但是美国并不是这个体系唯一的受益者。尽管成员国的抗议声此起彼伏,但是让一个饱受战争摧残四分五裂的世界稳定下来,布雷顿森林体系功不可没,否则的话,其他欧洲国家也不可能这么快就重新建起了工厂、公路、铁路、港口和贸易中心,而且国际贸易也不可能在对西方这么有利的条件下蓬勃发展。苏联在冷战时代没能大肆攻击,对此新的国际货币体系作出了决定性的贡献,因为谁知道莫斯科会对一个经济疲软的西欧做出什么事来呢?

体系缺陷,欧洲人揭竿而起

在 1960 年代中后期,大西洋两岸的不和谐音越来越响亮。欧洲人,现在也包括德国人,指责美国操纵体系为自己谋取私利。"谁来监督美联储和华尔街?"旧大陆发出的声音漂洋过海,余音回荡。这是完全合理的担心。美国的中央银行美联储独揽世界货币政策大权,它只要开动印钞机,美国就能花钱如流水,随意购买外国商品,说得夸张一点,简直就是白拿。直到现在美国还能通过增加货币供应量来刺激经济发展,谁也无法阻止,美国人轻描淡写地称之为"量化宽松",其实他们印钞是不需要真的印出钞票来的。美联储用美元买下商业银行的有价证券,但并不支付纸钱,而只是划账,这样货币供应量就增加了,商业银行也获得了更大的活动空间。

针对这些指责,美国人早在 20 世纪六十年代就极力为自己辩解,强调说他们不光为自己一国,还要为整个世界控制货币流通量,那该有多难哪,因为国民经济增长了,势必要有更多的钱来抵偿不断增长的产品数量,而在一个固定汇率体系中,只有美国印的钱多了,全世界的钱才能多起来。但是另一方面,他们又不能印得太多,否则相对别的货币,美元的币值就会崩塌。

简直是在走钢丝,而美国在 1950 年代和 1960 年代也确实能够游刃有余,应付自如。币值稳定是他们一切政策的前提,国家债务也不像现在这么多,至于通货膨胀,除了 1953 年朝鲜战争末期的短暂阵发以外,始终处于美联储的完全掌控之中。尽管国际政治形势剑拔弩张,但这个体系直到 20 世纪六十年代初一直运转良好,没有再发生像两次大战之间那么严重的金融危机和失控的通货膨胀,工业国家的物价平均只上涨了 2.6%。

但是到 20 世纪六十年代中期体系中出现了最初的裂痕。早在 1947 年,比利时裔美籍国民经济学家罗伯特·特里芬就已经预见到了这种矛盾。在一篇研究美联储的论文中他警告说,美国同时提供两种储备货币:美元和黄金,而且两者之间的兑换关系是固定的,只要仔细想想这一点,自然就能得出一个浅显的认识:布雷顿森林模式不可能长久稳定。特里芬的思路是这样的:一方面美国中央银行印制的美元越来越多,正如前面所说,这是重要的也是正确的,毕竟世界经济不断增长,对货币的需求量也越来越大,但是另一方面,黄金的供应极其有限,尤其因为大部分金矿开采都在美国的势力范围之外,比如在当年苏联和种族隔离制统治下的南非。正如特里芬所提出的警告,外国持有的美元迟早会超出美联储的黄金储备,这只是个时间问题。

1960 年就已经发展到了这个地步,果然不出所料,货币投机分子开始对美元发起攻势。他们相信,如果所有外国的美元持有者同时通过他们的中央银行要求将美元兑换成黄金,美联储是拿不出足够的黄金储备来兑现它的承诺的。但是在那个时候,流入外国的美元和美联储的黄金储备之间的差距还很小,还不足以使美元陷入真正的危机,而投机分子的攻击等于是鸣枪示警,暴露了一个非常脆弱的软肋。

美国还在玩缓兵之计,但为时已晚。美元与黄金的关系迅速恶化,几年后就到了不可收拾的地步。外国的中央银行渐渐明白,时间长了,它们的美元储备会越来越不值钱,那些好心好意想与体系同甘共苦的人,如果在美元兑换黄金的潮流中落到最后,那就要倒大霉了。

法国第一个起来破坏团结。骄傲的法国人反正从来就不服气,他们泱泱大国的货币竟然要依附于美国。从 1958 年开始担任法国总统的戴高乐将军根本不信任美国的纸钱,他命令法兰西银行尽量在美联储将美元储备兑换成黄金。

于是整个体系开始动摇了。遭殃的是那些老实人,他们还在努力挽救已经无可挽救的局面。昔日的金融霸主英国尤为不幸,与美国的特殊关系害苦了它。英国在国际市场上卖得比买得少,由于英镑币值高,所以出口困难,而为了满足民众的消费需求,又不得不进口,所以黄金流失越来越多。尽管英镑币值这么高,这个国家还是一直坚守着英镑对美元的固定平价。1967 年,投机分子又发动了新一轮的攻势,华盛顿想出手相助,但是伦敦顶不住压力了,将英镑贬值 17%。德高望重的英镑最终无可挽回地失去了国际社会的信任。在成为世界货币 150 年之后,英镑的辉煌生涯终于走向终结,它甚至不再是第二储备货币,那个位置现在属于德国马克。

布雷顿森林体系后来又维持了几年,可是它的丧钟已经敲响了,最终动摇并摧毁这个国际货币体系的还是一场战争。

布雷顿森林体系土崩瓦解，美元幸存

在朝鲜战争中美国对抗的是中国和朝鲜北部的共产党，陷入僵局后，这场战争最终以南北朝鲜的分裂宣告结束。同样是为了阻止共产主义的进军，1965 年美国人又大举侵入越南。在殖民地宗主国法国撤出以后，越南实行南北分治，北方是越南共产党的地方，而南方事实上处于独裁统治之下。当越共在向南越发动进攻时，美国担心到最后整个东南亚都会变成越共的天下。由几百个军事顾问开始的军事行动，最后演变成新的超级大国历史上代价最大、规模最大的军事惨败，美国投入了数十万兵力，军费开支动辄增加数十亿，由于沉重的战争负荷，从 1966 年到 1976 年，美国的国家债务翻了一倍。

布雷顿森林体系的成员国最担心的事情终于发生了：大难来时，美国只顾自己，而不惜危害整个体系。美国人不计一切代价印制美元，同时已经没有足够的黄金可以用来保障新钱的价值了。其他国家中央银行的美元储备越来越没保障了，它到底还值多少钱呢？到 20 世纪六十年代末，美国的通货膨胀增加到了 5%，并且还有继续上升的势头，对于那些信任美元、储备美元的国家来说，这是一笔令人心疼的损失。现在这些国家等于是在间接地资助越南战争，虽然美国一再宣称，介入越南是为了整个西方自由世界的利益，匹夫有责，但这些国家对此毫无兴趣。欧洲人别无选择，只能抢在货币继续贬值之前，争先恐后地把美元兑换成黄金，本来就已千疮百孔的布雷顿森林体系这下更动荡了。

美国根本不打算隐瞒它的赤字问题，它动摇了整个全球货币框架，也不作任何解释。相反，美国认为自己的策略是唯一正确的，甚至公开要求欧洲人通过国际货币体系分担美国的军费开支。

口吻越来越蛮横了，1968年民主党总统约翰逊离任，共和党人理查德·尼克松担任新一届总统以后，更是如此。在尼克松看来，国际合作一钱不值。国际货币体系？好是好，但只有在它能够确保美国利益最大化时才是真好。尼克松任命魁梧威严的得克萨斯州州长约翰·康纳利为新的财政部长，他认为自己的职责是"在国际金融修整一新的赛场上耍无赖"。

1971年5月，康纳利在慕尼黑参加一个国际货币会议时，明明白白告诉欧洲人，要想让美国继续为欧洲提供安全保障，光有"友好的想法"是不够的，欧洲人应该进一步向美国产品开放市场，并且承担更多的国防开支，否则不论美国做出什么样的政治决策，欧洲人都得接受。霸主就是霸主！现在，他的名字早就被人遗忘了，但他对欧洲记者吼出的那句名言至今令人难忘："美元是我们的货币，却是你们的问题。"还有比这更厚颜无耻的吗？

受到愚弄的欧洲人即刻作出反应，他们变本加厉地把美元兑换成黄金。美国国库黄金存放地诺克斯堡的黄金流失已到构成威胁的程度。最后，当一向忠于美国的英格兰银行于1971年8月13日要求把部分美元储备兑换成黄金时，布雷顿森林体系崩溃了。8月15日，尼克松总统向美国人民发表电视讲话，声称美元"暂时"不能再兑换黄金。于是其余的成员国守着堆积如山的贬了值的美元纸币，觉得上了美国的当。

一开始美国作为欠债人自己倒得到了解脱。但是，100年稳定有序的"黄金"货币政策的时代终结了，美国也不能无动于衷。尼克松没有在自己和他的前任们身上寻找原因，而把责任推给"国际投机分子"，现在他想把通货膨胀变废为宝，他希望美元贬值能够促进美国的出口。在白宫发出公告之后，美国的竞争对手德国的马克升值 13.6%，美国产品在德国一下子足足便宜了 13%，这还不够，尼克松又下令对美国进口的外国商品征收 10% 的关税，理由是："不公平的汇率"使美国产品吃亏了。30 年后的美国人就不敢冒然对中国人采取这样的措施，但是对德国人没问题。最后德国的出口产品价格上升了不止 20%。

　　勒索最终奏效了。为了摆脱进口加价，欧洲人咬着牙同意了美元贬值，而此时布雷顿森林体系还一息尚存。尼克松立刻赞扬币值的重新确定是"世界历史上最伟大的货币政策成就"——可惜只是转瞬即逝的成就。像 19 世纪的英国一样，美国高估了自己的力量。不久以后，在 1973 年春天，投机分子再次掀起美元抛售狂潮，给了布雷顿森林体系致命的一击。从 1973 年 3 月开始，美元对其他货币的汇率就自由浮动了，美国通过法令人为压低币值以求降低本国产品价格的时代终于一去不复返了。

美元复兴——回归时代

　　美元作为货币锚在国际上已经不值得信任了。雄心勃勃的社会福利政策和耗资巨大的越南战争造成的高额国家债务就像助燃剂一样，布雷顿森林体系反正迟早都要解体。

　　在低币值和固定汇率的支持下，从零开始的欧洲国家经济获得了快速增长，欧洲对美国的出口量远远大于美国对欧洲的出口量,所以美国从 1960 年代就开始流失黄金。欧洲企业把出口收入的美元在本国中央银行兑换成本币，而这些中央银行又把其中一部分美元在美联储兑换成黄金,安全第一。

欧洲国家的出口业越成功,扩充黄金储备就越容易。因此,虽然在"二战"结束时德国失去了大部分黄金,但是到了 1956 年,德意志联邦银行的黄金储备就已经超过了法兰西银行。

美国却袖手旁观,既不努力增加对欧洲的出口以平衡黄金流失，也不想办法鼓励欧洲人不要兑换黄金，而是用美元在美国投资。

那时候美国人就认为自己的金融技术是天下无敌的，他们相信他们不必遵守自己确立的游戏规则。而良好的运转也确实维持了相当长的时间,美元始终高居世界巅峰,但这与其说是依靠它自己的力量,不如说是因为缺乏候补选择,新的主导货币尚未进入人们的视野。欧洲还制伏不了美国,——那要等 35 年后看中国人的了,——但在货币的天空还是升起了一颗新星:德国马克,战败国德国的货币竟然在国际上赢得了影响力。

德意志联邦银行的反通货膨胀政策使得币值从布雷顿森林体系初期的 1 美元 4.21 马克上升到末期的 1 美元 2.65 马克。德国出口一再创造纪录,德国制造的产品畅销全世界,为联邦共和国长期的繁荣富强提供了保障。那时的德国马克就像现在的瑞士法郎一样被视作安全的港湾。

评论家们把德国马克当作新的世界货币大加赞扬，并且像今天一样为美元唱起了终曲，但就在这时候，发生了令人诧异的事情,也就是什么也没发生。抛售狂潮没有出现。世界各国中央银行的美元储备虽然从 1970 年代初的 80% 以上下降到了 1980 年代的

70%以下，但德国马克还是无法与它的竞争对手相提并论。国际贸易还是用美元计价和结算。美元在世界上的影响根深蒂固，突然要商人们开出马克的发票，他们很难适应。美元已经成了一种惯例，而要打破惯例，必须要有许许多多的背叛者形成一股极其强大的对抗势力，可眼下还没到这一步。

美元货币的批评者忽略了一个简单的事实，那就是没有候补选择。除美元外，没有一种货币能有这么强大的国民经济做后盾，并且在全世界分布如此广泛。德国的经济总量只能抵得上美国的一小部分，所以德国马克作为一种小巧精致的货币，与瑞士法郎更相近，而不太可能向美元靠拢。

在 1970 年代人民币还不值一提，另一种值得刮目相看的候补选择：欧元，那时还是一纸空文。早在 1970 年，卢森堡首相皮埃尔·维尔纳就提出了类似的建议，当时欧洲各国的国家和政府首脑要求他组建一个专家组，为摆脱布雷顿森林体系的困境寻找一条出路，专家们希望在 1980 年就能建立一个欧洲货币联盟，但是这个计划太远大了，难以实现，因为各国的国家利益很难协调。虽然 1972 年成立了欧洲汇率联盟，但由于发生了石油危机，这个联盟也就失去了作用。直至 1979 年才成立欧洲货币体系(EWS)，它的职责是防止各国货币汇率波动超出一定的幅度。从此时到欧元诞生还有漫长的 20 年。

所以说，美元复兴首先是由于没有备用选择，但还有一个原因是美元在国内得到了新的支持。到了 20 世纪八十年代，新任美联储主席保罗·沃尔克通过他的利率政策成功地结束了 20 世纪七十年代居高不下的通货膨胀。同时，罗纳德·里根领导的经济改革，即著名的里根经济学，使美国经济再现繁荣，国家开支缩减了，美元稳定了，甚至欧元在 2002 年作为现金正式流通后十年内也没能削弱美元作为储备货币的国际地位，美元一如既往仍是头号金融交易手段和计价手段。

直至数年前，这个以美元为基础的国际货币体系给世界带来了一系列的好处。稳定的美元为全世界的中央银行提供了随时可以动用和转让的保值手段，它使全世界各种不同国家的商人不必再为结账货币吵架，他们可以很方便地比较和商谈价格。当然，美国人从中得到的好处更多，他们始终拥有"无耻的特权"，这使他们能够消受得起由于国际市场对美元的强劲需求而产生的贸易赤字，另外美元作为世界货币也加强了华盛顿在国际上的政治地位。

但是，美元的领先地位维持越久，弊病也就越积越多。现在美国从外国借了这么多钱，外国人越来越自信了。战后美国斥巨资重建的两个国家德国和日本是美国的忠实同盟，它们也曾是向美国投资最多的国家，但这个时代已经结束了。现在美国的主要债主偏偏是它最大的竞争对手：中华人民共和国。形势非常不利。如果中国人真的想要害美国，他们轻而易举就能引爆"金融核武器"，他们可以把一大部分储备抛向市场，美元供应过量，其价值必然跌入深谷，虽然这样一来中国的外汇储备也会遭受损失，但美国的损失更要大得多，中国人不过是存折上的数字小了些，而美国人会被债务彻底埋没。但是一般情况下，吓唬一下也就可以了。

一个国家用货币武器相威胁，迫使另一个国家就范，中国就是真的这么做了，也不会是历史上的创新之举。这一点美国人最清楚，因为他们自己早就用过这种手段，比如在苏伊士运河对付英国人。1956 年，埃及的军方领袖纳赛尔将军宣布将苏伊士运河收归国有，英法两国随即派兵占领运河。它们没有通知美国就擅自行动，以为美国是它们的同盟,理所当然会在联合国中支持它们,但它们想错了。美国对欧洲人殖民主义强权政治的新花样不感兴趣,坚决要求撤兵。美国威胁英国将不再支持国际货币基金组织向英国贷款,而英格兰银行已经没有足够的储备可以维持英镑的汇率,所以英国只得妥协。1956 年 12 月 22 日,军事行动开始后仅仅 54 天,英法军队撤出了埃及。

英国人想作为世界大国登台亮相,摆脱美国的控制,可是这最后一次努力也因为财政问题而付诸东流了。中国人显然从这件事中学会了一些对付美国人的招数。他们第一次成功地以其人之道,还治其人之身。北京拒绝继续购买美国半国营性质的房利美和房地美的房地产债券,加速了金融危机的全面爆发。美国由此遭受的损失远远超过中国,没过几个月,中国就度过了危机。从那以后,美国的政治家们越来越担心,一旦外交上起了摩擦,中国会不会动用金融武器迫使美国让步。

中国是如何在短短几十年间赢得了如此强大的地位?答案又是隐藏在他们的货币政策之中。所以我们在这儿很有必要仔细考察一下人民币的历史。

第4部分

新世界货币诞生记

新中国的钱

共产主义者和金钱——本该是一对矛盾,但即便是卡尔·马克思,也并不想取缔金钱,他只是希望,在共产主义制度下,金钱应该会自行消亡,因为在一个人人都拥有一切的社会中,金钱是没有用处的。但如果一个人对一种产品或服务有较大的需求,而对另一种产品或服务却并无太大兴趣,那该怎么办呢?那样就会产生一个非常麻烦的交换市场:设计一个网站主页值几个土豆?为核电站作一次维修保养能换来几条鱼?要在市场上为所有这些规模大小不等的实物交换定价,那可太费劲了,只有通过一个大家普遍接受的交换单位才能进行价格比较,然后才能交换。所以我们需要货币,所以中国的共产党人没有钱日子也过不下去。

虽然直至 1970 年代,在苏联、东德和中国,小规模的实物交换在私人之间还普遍存在,但是连毛泽东都效法西方办起了一个中央银行,可这个中央银行集所有功能于一身,它不仅要稳定货币,

而且要取代竞争,也就是要规定利率和物价。一个银行驾驭整个
国家,这听上去很简单,但无法运转。直到 1976 年毛泽东去世,他
的继任者改革家邓小平上台, 中国才能走出货币政策的死胡同。
年幼的中国银行体系当然还免不了患上些儿科病,最大的问题是
导致通货膨胀加剧,而这差点让中国经济崩溃。在他之后的朱镕
基总理承担起了一个艰巨的任务:给中国的货币政策奠定一个稳
定的基础。

貌似简单:单一银行体系

中国人既然需要钱,也就需要一个机构来生产和管理钱,毫无
疑问,这必须是个国家机构,现代市场经济中的中央银行也都是国
有性质的机构,其重要意义久已在漫漫历史长河中得到了证明。几
千年前,货币就是统治者与民争利的工具,所以他们也千方百计控
制铸币权。罗马皇帝就从中获得了不菲的收益。货币的制造成本几
乎总是低于其交换价值。尤其是中国人在 11 世纪、西班牙人在 15
世纪引入纸币之后,所谓的铸钱利差就大幅上升。今天一张 10 欧
元纸币的生产成本是 15 芬尼,但可以买到价值 10 欧元的东西,赢
利 9.85 欧元。

市场经济开始盛行之后,国家失去了很多垄断权力,但在现金
的问题上至今还是国家说了算,谁也不想改变这一点,因为由国家
垄断现金发行权在经济上有非常重要的意义。如果在德国存在 5
种私有货币,不是由国家的中央银行发行的,而是由不同的私人银
行各自印制,那么每一次支付过程都会是一场大混乱,所有的商品

都得标上各种不同货币的价格，我们得在随身的钱包里备好各种货币，还得不停地在不同货币之间来回换算。当然竞争和实用价值会使其中一种货币最后脱颖而出。如果这种货币掌握在私人手中，那么它就会被对公众利益不感兴趣的人所控制，这些人只对一件事感兴趣，那就是利用货币为自己谋取最大的利益，而不会想到为市场经济的良好发展创建一个平台。所以在货币的问题上国家的作用举足轻重。

对于中国人来说，国家作为大公无私的看守者，其作用怎么发挥都不为过分。他们深信，社会公正只有通过更大程度的控制才能实现。不仅货币，就连物价也不允许竞争，国家更不容许本国的货币在国际上自由交易，免得沦为外国人的谋利工具。

中国的货币发行银行名为中国人民银行，是由中国共产党在1948年12月1日创建的。那个时候，国民党和共产党还在为争夺中国的统治权而激烈战斗。最终共产党获胜，今天的中国，即中华人民共和国是在10个月后的1949年10月1日正式宣告成立的。

一开始，人民银行的职责是统一共产党占领区的纸币，为未来中国的支付体系打好基础。新的货币名为人民币，意即"人民的货币"，基本单位是元，西方人也习惯于把元当作这种货币的名称，因为通常情况下，货币的名称和基本单位是合二为一的，比如像美元或欧元。1955年货币改革以后，1元等于10角，1角又等于10分。到现在为止，面值最大的人民币纸币还是100元纸币，其价值在2012年秋天大约相当于13欧元。

当时的中国政府并不满足于一次简单的货币改革，他们要加强控制。在几年的过渡期之后，他们仿照苏联改造了中国的银行体系。因为一切生产资料都属于人民，所以国家逐步逐步控制了国内所有的金融机构，以上海外滩那些华美建筑为总部的外国银行被迫离开了这个国家，直至将近半个世纪后才得以返回，但是直到今天，它们在中国的施展空间还是非常有限。

人民共和国的金融中心对中国人来说太重要了，所以被迁到了北京。德国的联邦银行自创建之初就坐落于法兰克福，而不在政治中心波恩或柏林，与德国不同，中国人决定把人民银行安置在他们的首都，形成了新的"单一银行体系"的核心，其实说"体系"有点儿大了，因为只有一家独一无二的垄断银行。人民银行既要承担中央银行的角色，又要兼负商业银行的职能，比如说发放贷款，但与市场经济的银行业不同，人民银行对贷款发放和货币政策不能独立决策，而只能作为执行机构贯彻政府的计划经济政策。说得更确切点，它只听政府的话。从 1954 年到 1978 年间，在隶属于财政部的人民银行的帮助下，政府控制了中国大陆境内所有一切资金往来，甚至到了事无巨细的地步。

货币有两种：用于消费的现金和用于生产的转账货币。转账货币只存在于人民银行的账户上，中国人所有的储蓄存款也都在那儿。企业间通过这些账户用转账货币结清所有的账目，年复一年按照计划发放的贷款也只能以转账货币的形式存在。政治性的人民银行在全国各地都有分行，在与这些分行协商过后，政府制定出一个贷款计划，然后按计划向企业分配资金。人民银行的结算表往往被随意操控，以便能按照政府的意愿安排资金流向。到了年末，国家把所有的企业收入集中起来，首先保证包括军队在内的国家机器的供给，剩余的发给企业职工。90%以上的工人在国有企业就职，地位像国家公务员差不多。一旦入不敷出——那是常常发生的事，政府只要多多印钞就行了，他们毋须担心通货膨胀，因为物价和工资是他们定的,至少他们自己以为是这样。

商业银行的复苏

这种制度听上去很简单,简直连傻子也懂,但它至少有两个严重的设计缺陷:首先,不能如实反映国内经济的发展状况,其次,不能为对外贸易提供便利。毛泽东去世后,当改革家邓小平在20世纪七十年代末复出时,他很清楚这样下去是不行的。现在他可以追求自己的目标了:加强国际交流,并如实了解国内经济发展状况,从某种程度上说,他想把这两者当作特殊装备嵌入体系。邓小平宣布现在的最高政治目标不再是阶级斗争,而是经济发展了,他立即着手打破单一银行体系。

第一家重新开张的商业银行是1978年恢复的中国农业银行,为从集体经济体制向市场经济体制转变的农业改革提供资金,从现在起,农民可以按照自己的意愿经营土地,他们需要贷款购买种子、肥料和机器。1979年3月创建了中国银行,为国际贸易提供服务,并管理外贸所必需的外汇。1983年成立了后来的中国建设银行,负责向国有企业发放贷款。1984年1月,从中国人民银行中分设出中国工商银行,简称ICBC,这样中央银行和商业银行的职能得到了最大程度的区分。ICBC是现今中国最大的商业银行,主管储蓄和信贷。

30年过去了,尽管现在增加了大量的地方银行、信用合作社以及股份制银行,中国的银行风光显得多姿多彩,但从根本上说,还是这四大国有商业银行分担了中国主要的银行业务,拥有中国

58%的私人家庭储蓄和一半的企业储蓄,2010 年控制了全中国 45%的金融资产,现在它们已跻身世界最大银行的行列。

在将一些职能分离出去以后, 中国人民银行得以专注地行使其国家中央银行的职能。但是与很多西方同行不同,一开始它不是独立的。邓小平必须逐步学习现代化的中央银行该如何运转,一些友好的外国人在这方面帮助过他, 其中也包括德国前总理赫尔穆特·施密特。邓小平和他的央行管理者要学会如何在两个根本的却是相互对立的目标之间找到平衡:中央银行应该向商业银行提供资金,商业银行再以贷款的形式将这些资金用于经济发展,企业贷款是为了投资,个人贷款是为了发家致富。如果经济形势恶化,国家就大量印钞,这样银行就可以有更多的钱借给投资者和消费者。

这个方法的弊病:通货膨胀。钱印得越多,就越不值钱,中央银行的第二大任务正是防止这种趋势, 而降低通货膨胀的重要途径就是少印钱,但这样一来,消费者和投资者从银行得到的贷款就少了,经济就会降温。

中央银行通过与商业银行买卖有价证券调控这个过程, 是买还是卖,就看资金应该往哪个方向流动了。有价证券其实就是一个书面承诺,保证到规定的期限以规定的利息归还借款。商业银行把有价证券卖给中央银行,得到新钱后就可以向客户发放贷款了。对于银行来说,钱总是多多益善,所以商业银行常常向中央银行兜售有价证券,因此中央银行的地位是比较优越的。

中央银行以什么条件向贷款机构提供资金, 只要看一个很简单的指标,那就是利率。如果中央银行减少了有价证券的购买量,商业银行就会提高利率以增加吸引力。这就意味着,商业银行如果自己还想有所盈利的话,向客户贷款的利率也要相应提高,银行感兴趣的贷款业务越来越少,于是货币供应量就减少了,这种情况我们称之为限制性货币政策或紧缩性货币政策。反之,如果中央银行购买很多证券,商业银行能以很低的利率获得资金,货币供应量就会增加,这就是扩张性货币政策。金融市场上的低利率能够刺激经济增长,所以货币政策可以对促进经济发展做出很重要的贡献。

这一切中国人在 1980 年代还得从头苦学。20 世纪八十年代末的形势以非常惊险的方式证明了中国人其实还是没有真正懂得该如何运作现代货币政策。他们从西方学来的一个系统错误成了他们的灾星:把中央银行划归财政部管辖。直到 20 世纪八十年代,中央银行隶属于财政部的现象在西方也并不罕见,据说这样可以确保货币政策的民主性,因为在政府换届时通常也会有一位新的财政部长走马上任。

但是这种形式的民主也有其不足之处。财政部的最高目标在于:一方面经济运转良好,另一方面国家财政支出能够得到保障,所以财政部长都倾向于多印钞票,而把由此造成的通货膨胀烂摊子留给后任去收拾,真正为此买单的是民众,因为所有东西都涨价了,而存款却贬值了。

从长远来看,让中央银行摆脱政府的牵制,独立行使职权,不为民主政治的眼前利害所左右,这种做法更为可取。在欧洲,德国联邦银行是这方面的典范,它独立于政府行使职权,因此能够把通货膨胀维持在较低的水平。

在德国选举产生的财政部部长还会不顾通货膨胀的风险,利用货币政策促成经济繁荣,以求暂时解决劳动力市场的问题,因为通货膨胀是中期效应,要过一定的时间才能被人觉察。在一届国民议会任期之内,货币政策往往是这样循环的:选举后打开钱闸,市场上钱多了,利率降低了,有利于经济增长,于是就业机会增加了,本届政府再次当选的机会也增加了。在下次选举即将来临时,为了使经济不至于过热,钱龙头又拧紧了,后果是经济增长速度放慢,失业率又上升了,但是这个效应要到选举之后才会显现。新一任当权者可以把责任推给前任,自己则再次实施扩张性货币政策,于是这个游戏又从头开始了。

中国的人民银行不用面对这样的问题,尽管如此,政治家们和央行领导们还是摸摸索索地掉进了通货膨胀的陷坑,其形势之严峻,致使整个中国陷入失控的局面。其中的原因是显而易见的:在执政数年之后,邓小平虽然不必应对民主选举,但是他必须向党内证明,他的改革开放的政治路线是卓有成效的。整个国家全力以赴实现经济繁荣,中国的领导人完全低估了通货膨胀的风险。

通货膨胀在中国发生了

通货膨胀在中国发生了。中国政府对此估计不足,而且也找不到解决办法。其中一个问题是贪腐成风。出于经济改革的需要,这个国家的钱突然数量猛增,其中很多钱以同样的迅猛速度落入了追名逐利的人的腰包里,而这些钱本该在当地进行分配的。如果说,官员们搜刮百姓损公肥私在中国是几千年来司空见惯的事情,那么第二种弊端就是新生事物,让人难以接受了:通货膨胀,物价飞涨。

在改革开放之前,这种现象久已被人遗忘了。从 1953 年到 1978 年,物价几乎分文未涨,因为物价不是由市场调控的,而是由国家规定的。1979年改革开始以后,这种制度逐步松动,物价突然取决于市场供需了,人们的购买需求超出了供应能力,后果就是:涨价。在20世纪八十年代初期还不明显,通货膨胀率还相对较低,当1984年大众在中国开办第一个工厂的时候,日用品价格的增长率还只有2.8%。但是到20世纪八十年代中期形势急转直下,通货膨胀率先是攀升到6%以上,到1988年突然蹿至破纪录的平均20%,甚至有报道说城市里到了30%以上。

中国人在过去的几年中刚刚开始攒下一份微薄的家业,眼看就要因为通货膨胀而毁于一旦了。储蓄早就不值钱了,因为存款利息远远低于通货膨胀率。一年年下来,储户的存款损失的价值是非常可观的,所以,人人都想把钱尽快花出去,还能买到些有价值的东西,而这又给通货膨胀火上浇油,形成了一个恶性循环。

国家职工和工人的工资跟不上物价的上涨,人们站在琳琅满目的货架前,买得起的东西越来越少。这种部分由国家规定、部分由市场调控的物价和工资制度是自相矛盾的。

深受打击的首先是年轻人和受过教育的精英。突然之间,出租车司机挣得比大学教授还多,教师的收入赶不上服务员。良好的教育似乎已经一钱不值了,只有快速挣钱才是最实在的。"文革"结束以后,虽然中学的数量增加了,但中学生的数量不但没有增加,反而下降了25%。受过教育的年轻人悲观失望,谁要上大学,就得耽误几年挣钱的工夫。现在谁也不知道,经济增长还能不能保持下去,还是会被通货膨胀消耗殆尽。这样的情形又使贪污腐败越发变本加厉,那些有本事把钱藏匿起来的人,只要一有机会就甩开膀子大肆攫取。泛滥成灾的贪污腐败和不断加剧的通货膨胀,在这双重打击之下,中国的社会矛盾也加剧了。

在改革开放的初期阶段，中国的领导层以为不必关注货币政策，现在产生恶果了。那些自修中央银行功课的聪明人早就提出过警告，但是政治家们对一切顾虑置之不理，而且人民银行的银行家们也没有足够的权限，不能独立行事。

通货膨胀持续上升，国家财政政策也是原因之一。现在中央银行的职责不再是直接为国家提供资金，像西方一样，国家应该也是通过税收和发行债务证书，即国债，获得财政收入。但是旧日的影响很难根除，在这个制度之下，其实依然要靠印钞机来弥补国家财政的漏洞，一如今日的美国。

危机的另一个原因在于人民银行的组织结构。中央银行的地方分行由当地政府监管，地方政府本该执行中央的决策，但是地方上的领导都被完全的市场经济冲昏了头脑，而北京天高皇帝远，中央的计划指标、规章制度、路线方针都鞭长莫及。典型的例子：政府三令五申明确规定了贷款的上限，却得不到贯彻执行。地方省份都想争先抢占有利可图的新行业新领域，做大事业的热情往往战胜了金融专业的理智。省长们审批贷款时睁一只眼闭一只眼，任凭贷款数量超限，指望企业尽快把钱挣回来，顺利地归还贷款。他们觉得通货膨胀是很遥远的事，那是国家问题，不是地方问题，只有懦夫才天天念叨通货膨胀，勇敢的人只管挣钱。

于是，人民银行的地区分行还督促商业银行超量发放贷款。地方保护主义使形势更为恶化。获得贷款的往往不是效益最好的企业，而是人脉最好的企业。同时地方领导开始营建贸易壁垒，以便在地区竞争中保护本地企业。国内贸易受到限制，使得地区物价也迅速攀升，于是通货膨胀就蔓延到了地方省份。

中国的改革者们对国际贸易也越来越不放心。反对者担心国际贸易会加深中国对外国的依赖。针对他们的顾虑,一开始邓小平的意见是:我们必须打开窗子,哪怕会飞进来几只苍蝇。但是形势越来越严峻,19世纪的历史教训刻骨铭心,让人深切担忧中国会再次陷入外国人的圈套,任他们宰割。

有人觉得进口的不断增加是个危险信号。1984年,外汇储备就只够抵偿7个月的进口。最大的问题是进口的洋货卖不出去,获得进口许可证的国营外贸商缺乏经验,不懂得迎合市场需求,只是随心所欲地购入一切他们自己喜欢的东西。政府对进口失去了控制,背上了外债,到1986年底,外债迅速升至210亿美元。

这个国家已经是山雨欲来风满楼了。

形势紧迫,邓小平只得踩了急刹车。他采取了发展中国家遇到这类危机时通常会采取的措施,把人民币贬值,使中国的产品在国外市场上可以降价销售。一开始这很有效果,仅仅一年时间,贸易赤字就下降了将近70%。虽然忧心忡忡的人们暂时得到了安慰,但是指令经济的杠杆不能长期操纵已经走上轨道的市场经济,它对付不了通货膨胀的恶性循环。

随着物价一起上涨的还有民众的不满情绪。女作家张洁在她的小说《沉重的翅膀》中恰如其分地反映了当时的气氛,她让一位年长的机关工作人员说道:"瞎改什么,另改一套,还指不定行不行呢,不行的话,连这套也没啦。自己找饭吃还讲不讲计划经济啦?……这么一来,还上哪儿去体会社会主义的优越性?"

反对自由化的斗争解决不了中国的经济问题。到1987年底,外债超过了300亿美元,外汇储备只够抵偿6个月的进口。通货膨胀还在加剧,同时越来越多的贪官污吏被曝光。比如在1988年,国营丝绸厂应该向国家纺织业供应2200吨生丝,结果只供应了13

吨,其余的都被非法倒卖了,倒卖所得落入了相关人员的腰包。人们都想把人民币兑换成美元或其他外汇,因此黑市非常兴盛。1989年美元的黑市汇率比官方高一倍,中国已失去了通过升降货币币值来操纵经济的能力。

相反,本已摇摆不定的经济增长还在继续下滑,1988年还增长了 11.3%,1989 年只有 4.1%,到 1990 年甚至降到了 3.8%。外国投资者因此要重新斟酌自己的计划,这是经济骤退的主要原因。另外,出口额也下降了,西方疏远了中国。

积极的附带效应:通货膨胀缓解了。但根本问题还是没有解决:疲弱不堪的国家财政还是靠印制钞票获取资金。地方银行发放的贷款比以前更多,谁也不知道,地方政府的这种财源是不是马上就要枯竭了。于是,下一个通货膨胀的浪潮很快就席卷了中国。

领导层知道,让中国稳定的唯一办法是尽快实现经济增长和货币稳定,以安抚民心。北京终于明白了货币对于一个国家的社会安定有多重要。

1992 年春天,87 岁高龄的邓小平来到南方经济繁荣地区,他鼓励地方官勇往直前,不要在改革的道路上半途而废。他强调要深入研究世界上的先进成果, 他要求:"吸收和借鉴当今世界各国包括资本主义发达国家的一切反映现代社会化生产规律的先进经营方式、管理方法。"

在中国的第一个经济特区深圳,中国经济奇迹的诞生之地,邓小平面对热情洋溢的群众说道:"深圳的建设成就, 明确回答了那些有这样那样担心的人。特区姓'社'不姓'资'。……这些人连基本常识都没有。" 最后他强调说:"不改善人民生活,只能是死路一条。"有人提出异议,说深圳和南方其他城市完全依赖外资才能维持繁荣,他反驳道:"按照现行的法规政策,外商总是要赚一些钱。但是,国家还要拿回税收,工人还要拿回工资,这有什么错呢?"

邓小平的讲话正中要害,国家电视台开始播报邓小平的"伟大南巡"。这位改革家明白,只有先把全国的舆论扭转过来,然后才能着手对付错综复杂的财政政策问题。他的政治远征掀起了一股新的投资浪潮,经济形势好转起来。1992年中国的国内生产总值增长了12.8%,这是个史无前例的数字,比官方的预计高出两倍。

货币政策高手

遗憾的是,在经济增长的同时,涨价症候又卷土重来,这是邓小平也无法解决的问题,但是很显然,这个问题必须解决。国家再也经不起折腾了,他们无论如何必须证明自己有能力确保国富民强。现在最急需的是经济专家,花名册上可供考虑的选择非常有限,但是有一个例外:朱镕基。朱镕基在1980年代后期曾经担任上海市长,其间的业绩足以证明他已经参透了现代经济的宏观调控机制,他的职业水准与西方同行相比毫不逊色。1991年邓小平让他当上了副总理,并且预先给他戴上了一顶光彩夺目的桂冠:"朱镕基是一个真正懂经济的。"邓小平如是说。

朱镕基用了两年的时间,在等级森严的权力体系中站稳了脚跟。那不是个轻松的年代:经济增长跌宕起伏,经济建设忽而沉降,忽而沸溢。1993年上半年的通货膨胀高达21%以上,超过了1988年和1989年的危机时期。

但与1989年危机时期不同的是,政府现在已经明白了,问题的关键在于控制通货膨胀,也就是在于货币政策。银行毫无节制地向房地产项目提供资金,朱镕基称之为"混乱的贷款",致使银行的现金储备几近空虚。最后朱镕基自己坐到了驾驶座上,1993 年 7 月他成了中央银行行长,上任伊始就颁布了"16 条计划",这是中国历史上第一个符合久经考验的现代国民经济方法论的宏观调控纲领。朱镕基制定信贷章程,调整货币流通量政策,提高利率,对于特别加剧通胀的商品冻结其价格,打击黑市,推动银行增加现金储备,以便储户随时能够提款,免得他们以为国家没有支付能力。

现在要对国家的债务进行监控。

这是一个令人瞩目的计划,实施起来却代价高昂。使用传统的手段,比如进行有效的税务侦缉,所耗费用无法回收,于是朱镕基又动用了旧时代计划经济的杠杆,实行所谓的摊派,国家公务员和国有企业必须得购买指定配额的国库券,虽然这并不符合市场经济的概念,但在过渡时期是很有成效的,并能使中国在很大程度上保持独立性。

同时控制通货膨胀,国家领导很清楚,不能奢望人民群众在储蓄缩水的同时还要付国家的账,那样只会让他们花钱更猛,或偷偷投奔了美元。一开始,老百姓非常平静地予以配合。

但忍耐是有限的。1994 年,粮食紧缺的传闻导致了抢购囤积,粮价飞涨 50%。整个中国的通货膨胀率高达 22%,这是新中国建立以来的最高纪录,短期房地产投机使得城市里的通货膨胀率还远远高于全国平均值。

朱镕基奋将人民银行建成现代中央银行的意见在政治局获得了通过。1993 年 11 月 14 日人民银行至少在形式上正式接管了稳定货币的职责,当然它还是要受到国务院的监管。在这一年的春天,人民银行控制利率的权力得以加强,从此以后,商业银行只能在央行规定的幅度内调整自己的利率,这样可以避免风险过高的贷款。为了让银行还能有所盈利,存款利率是不允许竞争的。朱镕基想通过利率来控制货币流通量。人民银行多次调高商业银行一年期贷款利率,1993年春天从7%提高到9%,到7月又上调一个百分点。

政策见效了。因为商业银行得钱的代价高了,所以贷款也昂贵了,有些企业家就望而生畏,不敢投资了,经济就降温了。货币流通量增长速度放慢,1993年下半年,通货膨胀率从23%以上下降到17%。老百姓又肯把钱存入银行了,1994年银行储蓄增加了3450亿元,一年后又增加了这个数字的两倍。

这些改革措施还只是个起步,1994年通货膨胀再次上升,说明改革力度不够,还有待加强。1995年人民银行再次提高利率,并且决定不再向国有企业发放政策性贷款,这个任务由专业的政策性银行接管,如专门为此新建的国家开发银行、中国进出口银行、中国农业发展银行等。人民银行要专心致志地处理货币政策。

另外还决定,现在开始要把人民币对美元的汇率固定下来,这是人民银行的第二大任务。1980年改革开始的时候,1美元等于1.5元人民币,现在1美元价值超过了8元,汇率暂时先保持在这个水平。要使人民币价值在外汇市场上保持稳定,人民银行就必须控制通货膨胀,以免汇率再次面临贬值压力。因为人民银行现在独立性增强了,工作效率提高了,所以在这方面越来越成功了。

还是在1995年,中央银行获权通过中国的国债推行货币政策。向西方一样,中央银行在自由市场上广泛收购商业银行发行的国库券,支付新印的纸币,按照计划,这些钱将通过商业银行以现金或贷款的形式进入流通,用于经济建设。但是直到 1999 年,上海证券交易所才出现一个正常运转的国债市场。

在中国开始改革开放 20 年以后, 中央银行终于把两种调控金融体系的有效杠杆掌握在手了:通过调整利率控制贷款,通过国债控制货币流通量。这样,它就与西方标准的中央银行距离不远了。

外国人专用的神奇的"外汇兑换券"

人民币稳定的同时, 中国货币制度发展过程中出现的一种特殊形式的货币被淘汰了,中国人称之为"外汇券"。中国的第二种货币官名叫做"外汇兑换券",简称 FEC。外汇券是 1980 年 4 月开始流通的,1980 年,随着改革开放的渐次推进,入境经商、旅游的外国人越来越多,可那个时候的中国票证制度还没有退出历史舞台,外汇券就是那个时期的产物。有人担心国家的开放会使外国人在华数量猛增,他们会把大量外汇带入中国,同时把大量人民币带出国境。他们觉得这很危险,理由有两条:其一,外国人可能把美元当作影子货币在中国国内扎根,从而削弱人民币的地位;其二,他们也可能在国外积聚大量人民币,然后突然抛入市场,而人民币对美元的汇率是固定的, 到时候中国政府将不得不拿出大量美元来兑换数量骤增的本币,如果做不到这点,那么在外国的压力下,人民币就得贬值。

北京不愿意陷入这样的危险境地。不论外国人什么时候要进行现金交易,不论他们是要买纪念品还是要开办工厂,他们必须先将他们所持的货币兑换成外汇券。在所谓的"友谊商店"中只能用外汇券购物，就像在原东德的内部商店只能用外币买东西一样。但是中国和原东德还不太一样，友谊商店里出售的不光是洋货，也有很多中国生产的销往西方市场的东西。很多西方产品的销售渠道仅限于"友谊商店"，这是为了防止在国内的制造商具备竞争力之前，中国的市场就被洋货完全占领了，但是作用很有限，因为洋货太诱人了。

另外，政治家的念头也很离奇，他们认为外汇券能给外国人和中国人的亲密接触制造障碍，在某些官员看来，只有这样才能防止堕落无耻的外国思想潮涌而入，腐蚀中国人的头脑。他们非常偏执，甚至让外国人在只能支付外汇券的餐馆里用餐，跟中国人分开。但是中国人和外国人当然还是越走越近，这怎么能禁得住呢？中国的政策明明鼓励兴办中外合资企业。

从外国人的麻烦中获利的首先是那些用外汇券结账的商店和餐馆，因为没有竞争，它们可以随意提价。还有发行外汇券的中国银行也发了财，外汇券本该与人民币等值，但是中国银行把外汇券卖给外国人时要加价 20%。理所当然的，不论是在"老外"看来，还是对于中国的消费者而言，这种制度都没什么好处，外国人的消费自由因此受到很大限制，而且由于银行加价和商店随意提价，他们还要被诈取钱财，而中国人因此几乎买不到外国商品。

这个制度很快就遭到偷袭了。中国人纷纷以黑市价将人民币兑换成外汇券，尽管这是明令禁止的。"换外汇券吗？"外国游客在中国常常听到黄牛们这样打招呼，这比"买 DVD 吗？"早得多了。一旦外汇券能在某个不起眼的街市角落里兑换成功，中国的大门就向外国游客敞开了，而洋货的世界也向外国游客的交易伙伴敞开了大门。

在整个 20 世纪八十年代，这个制度还勉强过得去，政府对黑市交易视而不见，也不会因此丢脸。但是到了 20 世纪九十年代初，中国南方形成了非常庞大的外汇券市场，对其进行监控耗费了中国警方太多的人力物力，并且助长了贪污腐败，在维持成本上升的同时，这个制度的作用却在下降，一方面，它不可能长期隔绝外国人和中国民众的接触；另一方面，1989 年虽然民主自由的西方思潮可能对中国形成影响，但国家完全有能力使西方思潮受到压制，但中国人能够接触到的洋货却越来越多了。外汇券最终在 1994 年寿终正寝了，从此人民币是中华人民共和国境内唯一合法的支付手段。

废除外汇兑换券制度还是件相对比较容易的事情。对于朱镕基总理来说，更难的是要在经济增长和通货膨胀之间寻求一个健康的平衡。中国的经济呈现出一个螺旋形下降的趋势：国家要求增长，企业借钱生产，但是产品往往卖不出去，因为不是质量太低了，就是产量太高了。结果总是一样的：企业收入太少，没钱付给原料供货单位，不得不再次向国家申请贷款。

如此周而复始简直没完没了，对于很多地方官员来说，大量贷款正合他们的意。

在这种情况下，要想有所行动，朱镕基引用一句邓小平说过的恰当的话："生产要讲质量。"这位经济改革家把这句话像挡箭牌一样随身携带着。虽然听着像是老生常谈，但透露出一个强势的逻辑：如果不能从国家贷款中获得盈利，那显然就是生产质量太差了。这很新鲜。在毛泽东时代企业拿钱完成计划，在邓小平时代企业拿钱增加营业额，而现在的方向是，企业只有挣了钱，才能拿到钱。在 1992 年春天邓小平南巡之前,国务院的经济年会上就已经公布了这条新路线:"还要不断投资的,要么还钱,要么破产。"但是在理论和实践之间裂开了一条鸿沟。

很多国有企业的领导很快就松了口气,欠债的国营企业就像密集的灌木丛,他们理直气壮地希望打进灌木丛的子弹不会正好击中他们。在他们看来,制造这么多不良贷款还是有一定道理的,因为还不出的借款越多,国家的稳定就越受威胁,政府也就越不可能大力干预。1997 年有 20% 到 40% 的国家贷款收不回利息,其中70% 是贷给国有企业的。虽有点点滴滴的成就,但问题也是难以掩盖的。

在亚洲金融风暴中

20 世纪九十年代,中国的经济一路走来虽然有点儿磕磕碰碰,但总算没栽大跟头。到九十年代中期,很多问题暗流涌动,但并没有大规模爆发,一切都得过且过,按经济学家的通俗说法,日子还能过得下去。政府所实行的改革,由于是对货币政策的改革,到底能有多大的承载力,要经过一场危机才能看得出来。就连北京的一些悲观主义者都没有料到这场危机会来得这么快。这是迄今为止对政府最严峻的考验。

对于现代化改革中的中国来说,1997 年是个多事之秋。仅国内发生的大事就足以在这个国家引起动荡,但是还有更大的冲击来自于外部,偏偏来自于那些在泱泱大国的传统意识中很乐于将其视作附属国的亚洲小邻邦。

这场"风暴"是一场酝酿已久的金融海啸，它将以"亚洲危机"的名目载入史册。当泰铢贬值 20% 的消息传来时，北京完全没有意识到事态有多严重。但是这一事件径直奔向危机，这场危机将把亚洲这个全世界增长最快的地区拖入深渊。泰国的危机引发了一连串的连锁反应，以美元计价的泰国债务一下子升值 25%，现在人人都知道，这个不堪重负的国家需要帮助。国际货币基金组织出手相救，提供了 170 亿美元的短期贷款。但是人的心理就像在新近发生的欧元危机中一样，很多亚洲人在泰国都有投资，现在担心钱收不回来了。

与此同时，国际投机分子又下注冲击东南亚的其他货币，他们志在必得。这个地区的货币和国民经济接二连三地倒下，亚洲的金融市场眼看就要坍塌了。1997 年 8 月 14 日，也就是香港回归后大约 6 个星期，印度尼西亚中央银行被迫放开印尼卢比，5 个月后，印尼卢比的价值只剩下原有价值的七分之一了，雅加达政府于 10 月向国际货币基金组织申请援助。随后的打击接踵而来。11 月初日本三洋证券公司申报破产，这是"二战"后破产的第一家日本证券公司。11 月 20 日韩元跌破记录，11 月 21 日韩国向国际货币基金组织申请 200 亿美元紧急援助。泰国 900 亿美元的外债占到国民生产总值的大约 50%，消息传开后，到 12 月 8 日，泰国 58 家金融机构中有 56 家破产了。

中国被卷进了漩涡。人民币与美元紧紧挂钩，港币也一样，几个星期前，港币刚刚脱离了伦敦的管辖，现在归北京负责，众多外国投资者断定，北京没有能力保持固定的交换汇率，也就是所谓的"钉住汇率制"。此时亚洲小虎的债务和货币危机已经演变成了实体经济危机，又进而引发了社会危机。整个病程与今天欧洲的困境没什么两样。

那些国家接受的是以它们自己不能控制的货币计价的贷款，亚洲危机的机制正符合由此引发的经济危机的典型模式。长期的繁荣兴旺会使政治家和投资者放松警惕。而亚洲正是刚刚经历过长期的繁荣兴旺阶段。亚洲小虎的稳定增长持续了30多年，韩国、马来西亚、印度尼西亚和泰国通报的增长率年年都在5%到7%，3亿5千万人摆脱了贫困，如果继续这样发展下去，东南亚这些国家到2020年就能赶超发达的工业国家。但是事与愿违，据世界银行估计，仅在1998年，全世界经济的增长率就下降了一半，跌至2%，责任就在于这些国家。

一时之间，连美国的投资者都惊呆了，市场上没有钱了，市场再也不能流动了。美国的中央银行美联储以很短的时间间隔接连三次降低利率，市场才得到安抚。那时候美联储主席艾伦·格林斯潘还能随机应变，遏制了形势的进一步恶化。当时大概没人想到，美国正在房地产业中制造更严重的风险。

不论是20世纪八十年代末在中国，20世纪九十年代末在亚洲，还是十年后在美国，以及紧接其后在欧洲，发生如此惊天动地的经济危机，原因总是一样的：长期的繁荣使得政治经济体系因懈怠而忽略了隐患。亚洲最大的风险在于外债。亚洲小虎本该控制外债的上限，或者至少也该对资本流动进行监管，防止国际投资者一夜之间把他们的资金全都撤走。这样的预防措施可能会让个别投资者望而生畏，不敢再投资，那也只能由他们去。

但是亚洲小虎贪得无厌，而外国投资者也乐遂其愿，尤其因为一开始双方还是可以互利互惠的。资金短缺的发展中国家能因此得到更多的钱，而国际投资者则能分享亚洲小虎的繁荣，在离家这么遥远的地方获得利润。利润之高是如此值得期待，投资者不仅投入了自己的资金，而且为了能向负债者借出更多的钱，不惜自己背上债务。比如说，一个美国投资者可以在日本以 1% 的利率借入一笔日元贷款，然后他把这笔钱以超过 10% 的利率借给印度尼西亚的金融机构，而这家金融机构又把这笔钱贷给一个印度尼西亚的建筑商，利率是 18%。这样做生意简直像做梦一样，由于长期以来一直运转得很顺利，其中的风险被严重低估了。

这些蓬勃发展的国家像海绵一样不断吸收国际资本。但是这场游戏持续的时间越长，自我审视和风险之间就越容易渐行渐远。在外国投资者的鼓励下，亚洲人所借的债务远远高于能获得赢利的投资所需要的数额。仅在 1996 年，后来发生危机的四个国家韩国、马来西亚、印度尼西亚和泰国的资本流入量就超过 1000 亿美元，这相当于它们的经济总量的 11%，因此远远高于国内生产总值的增长率。除了稳定的投资机会以外，剩余的大量资金不能投入可靠的项目，往往就进入高风险的领域了。没人去考察新的债务人的信誉资质，于是产生了巨大的股市泡沫和房地产泡沫。

有关国家的经济陷入了恶性循环。由于房地产价格上涨，危机国家那些以房地产为贷款抵押的金融机构反倒感觉更安全了。它们继续吸收国际市场的资金，却没有相应地增加准备金。银行无人监管，过了几十年只上不下的日子，监督机构对危机毫无防备。当 1997 年 3 月泰国两家金融机构率先倒下，不得不指望国家出手相救的时候，一溃千里的败势已经无法遏止了。马来西亚中央银行努力限制房地产和股市的贷款，但是太迟了。问题已经浮出水面，泡沫破裂了。

这个高风险体系中致命的缺陷在于，国际投资者给亚洲放贷银行的债务合约期限都很短，而这些银行还总是压缩这个期限。它们对小号字体打印的内容不感兴趣，兴奋之中，它们恨不得在期满前就付清最后一期款项。银行还款这么起劲，以至于投资者可能都后悔当初没有多投些钱，到最后就是用许许多多短期债务支持长期投资，只要银行能够不断借到新的短期债务来筹措资金，这样做当然没有问题，但是一旦国际金融市场突然关上了闸门，而债务又即将到期，还款就成问题了。银行危机迅速向实体经济蔓延，因为当地方银行突然需要省下每一分钱以求自保的时候，就不会再发放贷款了，于是就发生贷款困难。西方人看着这些毫无理智的亚洲人只能摇头：这些名利之徒，真是贪得无厌。但是当时大概没人想到，仅仅十年以后，美国人就陷入了同样的境地，紧跟着欧洲人也步履维艰了。

危机国家的轻率首先在于其债务是以外币计价的，在亚洲是这样，在西方也是这样。开始看来没什么不妥，因为当地的货币多年来一直与美元保持固定的汇率，但是一旦中央银行顶不住市场压力，本币突然贬值，银行、企业乃至国家所借的外债就会一下子成倍增长，债务的计价货币价值上升，而用来还债的收入价值却远低于预期。即将到期的借款和贬值的货币——这是一对相辅相成的组合，币值跌得越低，投资者越想尽快收回投资，而投资者越想尽快收回投资，币值就越往下跌，一个星期前还生气勃勃的企业突然就破产了。

开放的资本市场加上固定汇率，最终成了危机国家的灾难。如果汇率更灵活些，信用危机早就会在汇率波动中表现出来，而且企业和政府也不会经不起诱惑，借入如此巨额的外币计价的债务，因为它们必须随时防备货币风险。

在中国的周围，长期成功的亚洲邻国的国民经济像积木房子一样纷纷倒塌，北京也紧张了。但是在外债的问题上中国人绝对不会这么轻率，至少在政府是如此。北京当局竖起高高的防火墙，保护自己免受国际投机分子的侵害。外资必须受到严格管制，而且大都以直接投资的形式进入这个国家。其中的道理是：投入生产设备的钱很难在短时间内撤走，机器和厂房不是说卖就能卖的，尤其在核心产业中，比如在汽车工业中，外资不允许占多数，所以要变卖机器厂房也不是那么容易的。这是政府中一部分人最关心的事，他们总是担心中国对外国依赖太深，对于共产党革命之前那个中国依附于帝国主义列强的时代，中国人至今记忆犹新。而另一部分人早就对此不满了，他们认为过分的谨小慎微就意味着要放弃很多资金，而这些资金本可以用来发展一些有很大盈利空间的项目。现在谨慎得到了回报。

不论怎么谨慎，中国还是不能完全避开邻国的危机，被成功所青睐的中国经济突然感觉到了压力。对亚洲邻国的出口大受打击，这且不说，更要紧的是，最重要的欧美市场也风云突变。亚洲危机也出现了一个离奇效果：偏偏是受到危机冲击的亚洲小虎的竞争摧毁了中国人的出口价格。相对中国，那些在"金融风暴"中大难不死的东南亚出口企业突然有了竞争优势，现在东南亚人的货币对美元大幅贬值，从而也对人民币大幅贬值，所以他们的产品在世界市场上也廉价得多，一个出口涡轮机开动起来了。这可害苦了中国的出口商，销售额和收入下降，失业率上升。中国南方和上海地区的出口商向北京施加压力，要求尽快将人民币贬值，他们声称，如果北京不采取行动，那指不定会发生什么事，他们描绘了一幅灰暗的画面：大面积失业会引发社会动荡，政治稳定将再次受到威胁，一个民众将质疑政府权威性的局面可能出现。

朱镕基总理面临着他政治生涯中最艰难的抉择。攻击港币的投机分子一天比一天多，朱镕基采取了对峙立场。他清醒地估计到，人民币贬值只会在整个亚洲引发新一轮的贬值浪潮，到最后中国什么也赢不到。他坚守固定汇率，同时想办法从别的方面调整货币政策，以化解危机。从1997年9月到1999年6月，他逐步将利率从10%以上降低到4%。如果说先前他用高利率控制了通货膨胀，那么现在他要用低利率刺激投资，以赋予经济更大的发展空间。尤其那些主要依靠贷款筹资的大型国有企业负担减轻了不少，虽然因为亚洲危机，它们的赢利有所下降，但如果利率不降，它们会更惨。

这个救命法宝对于危机国家已经不管用了，它们已经失去了控制货币政策的自主权，现在比以前更依赖外国了。对于跌跌撞撞的亚洲小虎来说，现在最重要的是吸引外国投资者将美元投入当地的货币，他们购买的亚洲货币越多，越有利于稳定汇率。所以，从1997年第2季度到1998年第3季度，印度尼西亚中央银行将金融市场利率从10%提高到68%以上，马来西亚也提高了利率，但没有这么夸张，1997年第2季度的利率是10.5%，从1997年第3季度开始提高到12.5%。这样的政策无异于雪上加霜：利率高了，意味着贷款利率也高，这是把企业的咽喉掐得更紧了。结果，印度尼西亚终于爆发了公开抗议，最终导致苏哈托独裁政权倒台。韩国和泰国努力想通过出售外汇储备来支持本国货币的汇率，这样可以不用提高利率。一场危机过后，所有危机国家的美元储备都遭受了巨大损失：泰国损失了将近五分之一，印度尼西亚和马来西亚损失了大约四分之一，而韩国则失去了将近百分之六十。所有这些措施最终都无济于事。

中国面临的压力在上升。朱总理震惊地发现国际资本还是打通了两个侵入中国的关口。第一个从某种意义上说是历史遗留问题：香港。港币以固定汇率与美元挂钩，所以这个前英国殖民地的金融业和房地产业深深地陷进了亚洲危机。危机爆发后一年，1998年8月4日，西方对冲基金试图攻击中国最薄弱的部位，它们纠集在一起共同抛售港币，同时实行所谓的"做空"，它们充斥到市场上的金融产品都不是自己的，而是借来的，而且还向媒体散布谣言，称港币甚至人民币即将贬值。"在那个地方最恐怖的噩梦变成了现实"，经济学诺贝尔奖获得者保罗·克鲁格曼这样评论道。但是在北京的支持下，香港成了唯一一个避过了贬值压力的亚洲小虎，尽管香港当年的经济增长跌到了负5%，这是40年来最严重的危机。仅在1月到9月之间，香港就动用了近100亿美元捍卫港币。

国际资本第二个入侵关口是地方省份，尤其是香港的邻居，南方省份广东，也垮下来了。广东的国民生产总值超过泰国，它几乎可以像一个独立的亚洲小虎一样行事，在为经济增长筹集资金方面也是如此。广东国际信托投资公司(Gitic)特别有抱负，它想办法绕开了北京中央的监控机制，像危机国家一样，它也在国际资本市场上借入了短期债务，却没有向北京的中央政府汇报。外国投资者低估了其中的风险，他们以为中央政府一定会为地方债务提供担保的，所以从1986年到1998年，广东国际信托投资公司在日本、中国香港、美国和欧洲共发行了20种债券，这些钱大都陷入了不可靠的投资。直到朱镕基向广东派出了一个负责处理此事的副省长，北京才知道那儿的管理混乱到了什么地步：广东国际信托投资公司的不良贷款达20亿美元，而广企公司账面上有41亿美元不良贷款。

中央政府的处境非常不利。自作主张的地方官员和国际银行结成利益联盟公开发起挑战，催促中央政府为这两家机构的损失提供担保。在 1997 年初，仅仅广东国际信托投资公司就控制了全中国银行和金融机构总资产的 4.5%，这个数字是很危险的，中国的金融体系受到了自下而上的侵蚀。

直接把广东国际信托投资公司和广企公司关闭了事，这是有风险的。朱镕基必须采取缓兵之计。海南省两家最大的金融机构也是胆大妄为陷入了困境，朱镕基下令先关闭这两家机构，这是对广东的警告。但是危机持续发酵，局面已经难以收拾了，他果断出击，1998 年 10 月 6 日，他下令以负债过重为由关闭广东国际信托投资公司和广企公司。国际债权人惊得目瞪口呆。摩根士丹利麾下的西方大银行联盟，其中包括德累斯顿银行和德国商业银行，吹响了进攻的冲锋号，派出一个代表团抵达广东，要求中国人在清理这些机构的时候优先清偿自己的账款，但中国人态度很强硬。"中国的破产法并未规定对境外债权人优先予以清偿。"中国清理小组的领导说得言简意赅。

对于中国来说，这是个紧张的时刻。这个国家眼看就再也得不到国际贷款了，国际大银行威胁要立即从中国撤走 100 亿美元，但是最后谁也不愿意轻易得罪一个蒸蒸日上的国家。机构关闭之后，110 个外国债权人损失了 75%的投资，但他们的信任很快就重返中国，外国投资只有在 1999 年第一季度短暂回落，然后又开始迅速上升了。

朱镕基打出了好牌。他们在国内对付了地方政府，在国际上顶住了大银行的强势，赢得了巨大的国际声望。中国第一次在世界政治舞台上发出了自己的声音,捍卫了自己的权益。这是权力转移的一个明确标志,在接下来的几年中,权力还将继续转移。

谨慎和强制干预得到了回报。中国不仅能够降低利率,刺激经济增长,而且危机过后还能收获可观的贸易盈余,这样就可以扩充外汇储备了,如果要在危机中维持本币对美元的汇率固定不变,扩充外汇储备是很重要的, 现在的储备足以抵偿一整年的进口了。1998 年,刨去通货膨胀后,中国的经济增长了 7.8%,由于东南亚的需求减少,而东南亚的半成品又削价,通货膨胀率几乎降到了零点以下,物价水平得以保持平稳。中国又经受住了考验,中国的货币第一次走到了世界金融舞台的聚光灯下, 这预示着未来的亚洲将只有一种重要货币:中国的人民币。

平静的航道

亚洲危机有很多输家。东南亚新兴市场国家的经济实力和国际声望一落千丈,本该帮助它们化解危机的国际货币基金组织也遭到严厉批评,很多人认为它僵化教条,一些观察家不禁怀疑,国际货币基金组织最关心的并不是怎样帮助那些受灾国家, 而是怎样帮助西方投资者要回他们的钱,结果投资者还是损失了很多钱。

经济上的赢家是那些道德名声不好的投机分子, 他们的嗅觉很敏锐,知道泡沫什么时候破裂。他们受到的指责是坑了别人自己发财,虽然危机不可避免,但是他们剥夺了那些国家解决问题的时间,推波助澜使形势更加恶化。

而唯一真正的赢家是中国。中国政府向世界表明,就是在危机中这个国家也能保持政治经济稳定,并且不需要仰仗外来的帮助。现在看起来,相比亚洲小虎,中国为长期的繁荣发展做好了更为充分的准备。在接下来的几年中,这个中心帝国将成为世界关注的焦点,而其他的发展中国家从此只能充当配角了。

2001年12月11日加入世界贸易组织(WTO),是中国崛起过程中的辉煌时刻。中国做了一些妥协,其中包括降低关税,增加外国人在国内市场上的竞争机会等,付出很大代价才取得了这个精英俱乐部的会员资格。在货币方面,中国加入WTO后面临的最大挑战是金融市场自由化。

按照规定,在五年之内,之前受到严格管制的外国银行应该获得与国内银行同等的权力。加入WTO后,中国面临的最艰巨的任务之一,就是完成国内商业银行的现代化改革,为竞争做好准备。这可太难了,所以中国政府把这个任务推迟到将来去完成,虽然它在形式上履行了WTO文件中规定的义务,允许外国银行进入中国市场,但同时附加了许多严格的限制章程,使得外国银行在中国的经营变得那么不值。

北京的谨慎不是没有道理的。中国人吸取了亚洲危机的教训,无论如何不想让金融体系的控制权落入私人手中,更别说落入外国人手中了。金融市场自由化被无限期推迟,宁可放慢增长,稳定第一。出口经济仍是发展的驱动力,从本世纪最初的十年开始,出口业赢得了巨大的盈余,为人民币的长期平静创造了条件。

中国人民银行人为压低人民币对美元的汇率,出口业把越来越多的外汇储备注入中央银行的保险库中,最初几年这个机制稳定得令人惊奇,但这种稳定不可能长久持续。中国的生产者和美国的消费者彼此间依赖程度越来越深,有人把这个关系戏称为

"Chimerika"（中国 China 和美国 Amerika 两个单词组合而成——译注）。中国向美国提供产品,收获美元,人民银行用人民币换取出口商手中的美元,然后用美元在美国投资,主要是购买美国国债。这样,中国借钱给美国维持其过度庞大的国家开支,而美国国家又把这钱转手交给了民众,民众又去购买中国商品,于是游戏又从头开始了。

2007 年美国爆发的房地产危机最终演变成了世界级的金融危机, 人民币又一次迎来一个巨大的挑战。人民币能走到今天的地位,世界金融危机是其命运的强化剂。

第5部分

建设中的世界货币

现在西方人都在众口相传，说中国是全世界最重要的经济大国之一，但是人民币作为重要货币却几乎名不见经传。其实中国早就在行动了，力图让人民币在世界经济中发挥核心作用。在金砖国家中，人民币作为美元的候补已经是个重要话题了，特别是在商务领域中。而在香港和中国国内的经济特区，中国人也在测试人民币到底有多坚挺，他们已经悄无声息地削弱了美元，抢了欧元的道。美国房地产危机向人民币发出了攻击美元的信号，因为老牌主导货币的疲软为货币新星发展自己的实力提供了决定性的良机。

起跑信号：美国房地产泡沫

在美国的银行家和政治家愿意承认 2008 年世界金融危机的现实之前，北京早就有人预见到灾祸已经临近了。"房地产泡沫可能破裂，"早在 2003 年，国际货币基金组织在迪拜召开的春季年会上,时任中国中央银行行长的周小川就曾发出这样的警告,而这将意味着什么,他做了详细的解释:美国房产价格一旦骤降,"投资和消费就会崩溃,把世界经济拖入低谷"。

发达工业国家的同行们对周小川那先知式的预言不屑一顾,因为他们在美国的生意有利可图,而中国人因为拥有大量的美元储备,承担的风险越来越大,因而变得敏感而又挑剔,除此之外,更重要的原因是,他们根本不相信北京有实事求是估计形势的能力。中国在两年前刚刚加入世贸组织,在国际金融大厅里还坐在"儿童小餐桌"上用餐。周小川代表的是一个发展中国家,这个国家的货币还与美元紧紧挂钩,西方几乎无人相信中国能在可预见的未来成功地把自己的货币培养成国际选手。一个人自己的家庭作业还没做好,就指着别人说三道四,这种人的意见有什么参考价值呢?

中国的周小川提出了明确的警告,世界经济的风险并非来自于发展中国家,而是首先来自于美欧,也就是发达的工业国家。所以他要求,国际货币基金组织应该"首先检查、监督这些国家的金融行业,完善预警机制。"而国际货币基金组织中的西方多数派不同意他的意见,这一点儿也不奇怪。他们认为金融市场的增长正是风险分布更为合理的表现,这样资本可以得到更高效的跨境配置。

回过头看,这些金融专家的判断天真得令人称奇,他们竟然认为巨大的金融市场能加快经济增长,对所有人都有利。所以,这次会议的总结文件声称:"改善后的金融市场环境将为新兴市场国家的国民经济"创造"宝贵的发展空间"。这是志在必胜的西方发出的宣言。

仅仅五年之后,北京的先见之明就得到了验证。出乎西方的预料,中国人显然有很好的理解力,能在千头万绪中理清思路,他们的警告现在变成了现实。美国房地产价格在持续上升了几年之后崩塌了,泡沫破裂后受到打击的不光是美国的金融行业,还有所有的工业大国。

发展中国家也不能幸免于难,中国受害尤甚。因为中国现在在三个方面依赖西方:第一,美国是中国最重要的出口市场;第二,人民币与美元挂钩;第三,中国购买了大量美国国债,成了美国最大的债主。在危机中,对美国和其他西方出口市场的依赖对中国经济产生的影响显得尤为突出。2007 年危机开始时,中国对美国的出口占其全部出口的 26.4%,对欧洲的出口占 19.1%,两者加起来相当于中国国内生产总值的 17%。在连年增长之后,从 2007 年到 2009年,中国对美国的出口额从 3210 亿美元下降到 2960 亿美元。

中央银行必须行动起来。它遏制了人民币币值的上升势头,以支持出口,抵制美元对人民币贬值,否则中国的产品在美国市场上就会涨价。在以后的三年中,由于市场上对中国产品的需求非常旺盛,人民币汇率上升 21%,这三年过去之后人民币又以固定的汇率与美元紧紧挂钩,但是这样会产生一个非常严重的缺陷:为了稳定汇率,中国人民银行不得不购买更多的美元,使得堆积如山的低息外汇储备还在继续增加。

中国的处境非常不利,它不得不把钱借给一个眼看还本付息的希望越来越渺茫的国家。即便中国还能收回事先约定的数额,到时候美元的价值还能剩下多少呢?在遇到危机的时候,美国人向来对币值稳定不感兴趣。美联储与世界上其他中央银行合作,增加美元数量,向商业银行提供资金,鼓励贷款,刺激经济运转,自从 20世纪二十年代末的世界经济危机以来,每逢经济萧条美联储都是这么做的。扩张性货币政策加大了通货膨胀的风险,而中国持有的巨额美国国债也面临着价值损失。

同时,美元数量的增长逼得中国人不得不收购更多的美元,以稳定汇率,这又加大了人民币的通货膨胀风险,因为人民银行购买美元支付的是新印的人民币。整个机制是这样的:随着美元数量的增加,为了保持固定汇率,人民币数量也必须同时增加,尽管增加的规模远远不及美元,但这也会损害人民币的购买力。一个国家通过固定汇率把通货膨胀传染给另一个国家,经济学家称这种现象为进口通货膨胀。

因为中国人喜欢出口胜于喜欢进口,所以,美国的政策给他们的国家造成了非常消极的影响,令人沮丧。但是中国太依赖美元了,人民币还不是世界通用的货币,中国还需要世界通用的美元。美国作为销售市场,美元作为国际通用的支付手段,只要中国一日摆脱不了这些决定性的制约,美联储乃至美国政府的决策就能左右中国一日。这是中国政府最担心的事情,他们始终在努力避免中国内政受到外国的任何影响。中国人虽然早就对危机提出了警告,但却没有为此做好相应的防范准备,现在不得不承受这样的后果。

在危机中美国人继续举债度日,他们不停地印钱并且大力发行。中国人要想不受拖累,没有别的办法,必须摆脱美元和美国的控制,有效的途径只有一条:一边扩大内需,一边加强自己货币的国际地位,争取有朝一日人民币能与美元脱钩。

金融危机的影响令人震惊,所以人民币国际化成了中国政策的最高目标。这次掉转方向,最后的结果本该是让汇率自由浮动,但事实上根本不是那么一回事。中国人宁可再等等,人民币与美元挂钩依然是大获成功的出口导向型发展模式的支柱之一,即便美元发生波动,中国人也可以通过固定汇率保障出口价格,人民币可自由兑换就意味着涨价和销售额的下降,有人担心,这样的话中国经济就不能像以前那样快速增长了,而且中国投资者借外债也将容易得多,结果可能产生泡沫,使中国经济陷入困境。日本人就是败在这个问题上的:大量国际资本的注入导致房地产泡沫,泡沫破裂后,日本经济至今没有恢复元气,与此同时,日本本币国际化的努力也宣告终结。这是北京的前车之鉴,让人清醒地认识到在通往世界货币的道路上还埋伏着哪些风险。

但是中国政府没有退路,必须开始人民币国际化,在这个进程中人民币必须跨过三道栏架:必须成为贸易货币、储备货币,最后成为贷款货币。第一个也是最容易的一个目标是把人民币建设成为国际贸易货币,让中国的进出口商可以用人民币替代美元进行贸易结算,这样他们可以省下货币兑换的成本。

人民币成为储备货币和贷款货币就要困难些了。中国必须以上海和香港为最重要的金融中心,把自己发展成有吸引力的投资市场,届时国际投资者可以用多种多样的投资为中国市场提供资本,外国的中央银行可以把中国的国债作为货币储备存放起来。为了充分发挥投资货币的作用,人民币当然首先得可以自由交易,也就是说,人民币必须与美元脱钩。

人民币国际化的各项进程现在已经开始了。还是像过去30年中的大部分改革一样,北京小步起跑,最后形成一个自由化程度更高的经济体制,中国人要把一个相当封闭的金融体系循序渐进地发展成一个开放的现代化金融领域,同时要防范西式金融体系的缺陷,避免突然失去控制。所以一些目光短浅的观察家至今还认为这个国际化进程太拖拉了,其中的变化简直无法察觉,但是成就一种新的世界货币是需要时间的,从英镑到美元的过渡耗时超过30

年。这个进程的结局看来是毋庸置疑的：世人将把北京控制的强大的人民币与美元和欧元相提并论，人民币将取代后两者成为全世界普遍通用的支付手段。

人民币作为贸易货币

成为国际货币第一步也是最简单的一步，是要先成为国际贸易货币，也就是中国买进卖出的商品不再以美元为支付手段，而改用人民币。这方面北京已经颇有建树，这相对容易，因为只要与对方国家个别商定就可以了，不需要国际组织或第三国的介入。

要以人民币为支付手段买卖中国商品，外国人当然首先得持有人民币。这并不是毫无问题的，因为中国的资本流动监管制度限制人民币出境，所以中国人想到了一个临时应急却也切实可行的办法：货币互换。中国人民银行用一定数额的人民币向另一国的中央银行换取该国货币，对方的企业即可用这笔人民币购买中国商品。

2008 年 12 月，中国与其东南亚邻国韩国实现了第一笔货币互换交易。当时的意图是，在世界金融危机期间使中国商品对韩国人产生更大的吸引力。一开始，这笔交易期限是三年，交换金额限定为 1800 亿元人民币，约合 260 亿美元，但是这个试点项目非常成功，所以两国又于 2011 年 10 月商定，交换金额翻一倍，增加到约 500 亿美元，期限延长到 2014 年 10 月。鉴于亚洲危机的惨痛教训，在 2008 年金融危机中，韩国人想确保自己拥有足够的外汇可以在国外购物。从中国人这方面来说，货币互换是为中国产品赢得外国买主的一条途径，不必再像之前对待美国那样非得购买对方的国债，另外他们也想防止韩国公司关闭驻中国的机构。

这笔交易不仅使得将来的贸易可以用人民币结算，而且也可以让韩国的国民经济普遍减少对美国的依赖。以前当韩国需要新外汇的时候，总要先征求美国或美国控制的国际货币基金组织的意见，而国际货币基金组织在韩国声名不佳，因为在亚洲危机时它曾逼迫韩国开放市场，落井下石，出卖了韩国的工业。在韩国的政治家公开拒绝与美国进行互换交易之后仅仅两个星期，中韩交易就完成了。东亚地区的力量对比发生了对美国非常不利的变化。

中国的动向并不仅仅在紧邻中引起关注。西方或者是出于经济上的窘迫，或者是为了通过制裁施加政治压力，只要一撤出某个地区，中国就去那儿探路。以伊朗为例：美国对其加强制裁，欧盟对其实行石油禁运，而中国人照买不误，只是他们购买石油时支付的不是美元，而是人民币。2012 年 5 月中国和伊朗决定，将来的石油贸易都以人民币结算，两国间每年的石油贸易额达 200 到 300 亿美元，而反过来，伊朗则用人民币外汇在中国购物。

所以说，人民币晋升为贸易货币的机制早就运转起来了。有些国家或者是出于意识形态的原因，或者就是被忽视了，遭到了西方的冷落，还有些国家虽是美国的坚定盟友，但也不想继续依赖美元了，中国通过货币互换把这些国家都联合在一起。2012 年 3 月，中国批准了与其重要的原材料供应地澳大利亚之间的货币互换，这是迄今为止规模最大的互换交易之一，金额达 2000 亿元人民币，而此时已订约的货币互换的总额已超过 1 万 3 千亿元，与中国进行互换的是各色各样的国家，比如阿根廷、白俄罗斯、冰岛、印度尼西亚、哈萨克斯坦、新西兰、巴基斯坦、新加坡、泰国、土耳其、马来西亚、蒙古、阿联酋等。这个模式非常成功,目前中国已完成的互换交易额相当于贸易额的 25%,这个数字还有强劲上升的势头。

如果要记住一个人民币作为贸易货币获得突破的时间,那就该是 2012 年 3 月。在这个月中不仅签署了澳大利亚的交易,而且包括中国、巴西、俄罗斯、印度和南非在内的金砖五国也举行了会合。这 5 个国家的人口加起来占全世界人口的 42%,经济总量占全世界经济总量的 28%,它们计划将来以本币结算彼此之间的贸易。按照由中国发起并大力推进的协议,金砖国家之间的贸易规模到 2015 年要增长一倍,达 3750 亿欧元。此外,负责调控中国海外扩张计划的中国国家开发银行将来在金砖国家中除了发放美元贷款,也可以发放人民币贷款。2012 年 6 月 19 日到 20 日 20 国峰会在墨西哥的洛斯卡沃斯举行时,货币反叛者们顺便商定,要让各国的财政部长和中央银行首脑拟定货币互换的协议,为没有美元的贸易打响起跑信号枪,这个重大事件将长期而持久地损害美元的地位。美国人出牌时显然过于自信了,而在世界上的其他地方,人们对人民币币值稳定的信任已经丝毫不亚于对美元币值稳定的信任。

要直接用人民币进行贸易,首先当然还得获得批准,并且按照中国国内通行的资本流动监管制度还要受到监控。所以,在《跨境贸易人民币结算试点管理办法》框架内,中国当局允许中国的进口商和注册出口商自 2010 年 7 月起与全世界所有国家用人民币完成支付往来,同时,根据《境外机构人民币银行结算账户管理办法》,外国企业自 2010 年 9 月 29 日起正式获准支付人民币。

这些措施卓有成效,现在跨境贸易人民币结算试点已扩大到 20 个省市自治区,囊括了中国 95% 的外贸企业。

2010 年年中还只有 1% 的中国外贸以人民币结算,到 2011 年底就已达 7%，在亚洲范围内甚至达 13%，到 2012 年上升到 12.3%，按汇丰银行的估计，到 2015 年将达到一半。

美元作为贸易货币，其地位的衰落已经表现得再明显不过了。一切迹象都表明这种趋势还将继续发展下去。这个办法给中国企业带来很大的好处，它们毋须再花费人力物力兑换货币，而且几乎不需要承担任何汇率波动带来的风险，本来人民币与美元汇率固定，中国人就没有这个风险。中国的贸易伙伴也能从中获利，虽然他们要独自承担汇率风险，但是只要直接用人民币结算，中国的外贸商就愿意提供价格优惠，有的甚至能优惠 5%。

2012 年 8 月，德意志银行对德国、荷兰和英国的企业做了一次民意调查，结果表明非亚洲的外国企业也对人民币结算很感兴趣。80%接受询问的企业有计划在将来跟中国做生意时开立人民币账户，至少有 20%已经做好准备了。德意志银行的报告声称，德国的中产者在这方面特别积极，除了价格优惠之外，他们还希望以此赢得新顾客，那都是些获得外汇的渠道非常有限的中国企业。人民币晋升为贸易货币，也使得对外联系较少的小型中国企业可以充分享受全球化带来的好处，从而为中国的经济增长奠定一个更广泛的基础。人民币成为贸易货币看来已经水到渠成了，但这也是国际化进程中最简单的一个部分，而把人民币建设成投资货币就要困难多了。

金融市场改革 I：初涉征程

中国新一届政府面临的最艰巨的任务就是中国的金融体制改

革。人民币成为世界货币的前提条件是,世界上其他地方的人也能取用人民币,国际上的国家、机构和私人的投资资本能通过正规的渠道进入中国,就像我们在伦敦、纽约和巴黎的交易所里可以毫无困难地进行投资一样。

　　改革开放金融市场在中国国内遇到的阻力还是难以克服。很多工业部门多多少少都有了些现代化气象,而且中国的国内生产总值甚至已经超过了曾经的世界第二经济大国日本,可金融行业的根本改革依旧不见起色,银行差不多就是国家伸长了的胳膊,很多保守的人对四处蔓延的市场经济还是持批判立场,认为这损害了党的权力,当然也损害了他们自己的权力,对于他们来说,动荡不宁的难以监管的西式金融体系无异于洪水猛兽。自由的金融市场是毛泽东执政以后首先废除的资本主义制度之一,这不仅对中国的金融中心上海是个沉重打击,而且影响了全世界的金融体系,因为在 1949 年之前,这个扬子江畔的大都会已经拥有 24 个国家级金融机构和 200 个私人金融机构,是仅次于纽约和伦敦的世界第三大金融中心,但是突然之间一切都烟消云散了,取而代之的是按照前苏联模式建立的单一银行体系,中心移到了北京,从此不再按照需求,而是按照中央的计划向工业提供资金。上海失去了银行,而中国失去了与金融革新接轨的机会。

　　1978 年改革开放开始以后,这个国家想改变这种落后的状况,至少要稍作修整。20 世纪八十年代开始恢复国债、企业债券和股票的交易,这是小心翼翼的最初试探。但是在以后很长的时间内,外国人在中国投资还是只有一种途径:呆板的直接投资,用以建造工厂设施。外国人还是没有可能把自己的资本换成人民币在中华人民共和国境内进行投资。

直到几年前，外国人接触不到任何在中国境内流通的金融产品。深圳和上海的股市深沟高垒，对外国人严加防范，时至今日，除了少数几个西方金融机构获得了有限的许可之外，其余情形还是一切照旧，中国的国债和企业债券市场也一样。

现在北京正在一步步逐渐软化这些规矩。外国的私人投资者甚至可以直接或通过基金购买中国企业的人民币债券，甚至连中国的国债也可以交易了，这一切当然还是要受到很大限制，而且不是直接在中国境内进行，而是在所谓的人民币离岸中心，目前这样的中心有香港、新加坡和伦敦，但是市场很小，与世界上最大的债券市场相比简直可以忽略不计。

世界上最重要的债券投资市场始终是在美国，很大的美元数额寄放在那里也毫无问题。尽管大家都质疑美国的债务状况，但还是认为美国的国债是比较保险的。而且美国的债券市场如此庞大，简直可以说是巨型，个别的交易改变不了价格，也就是说价格很难操控，除非是极端的高额交易，外国的中央银行都偏爱价值稳定且随时可以出手的保值手段，为什么都把美元作为储备货币的首选，这就是最重要的原因。而欧洲人就吃亏在国家太多，欧洲最重要的债券市场还是德国联邦债券的市场，但是相比大西洋彼岸的老大哥，这个市场还是小得多。

中国游离于世界大联盟之外。到 2012 年 2 月，中国国债形式的债务是 21 万亿元人民币，约合 3 万亿美元。比较一下：在这个时候，美国财政部发行的中期有息证券市场总额超过 10 万亿美元，而整个美国债券市场总额达 37 万亿美元，其中很大一部分债券都由外国持有，仅中国持有的美国国债就超过 1 万亿美元。而中国的情形完全不一样，外国的影响微乎其微，80%以上的中国国债由国有银行自己持有,也就是说,中国的国家借的是老百姓的钱,由于缺乏投资选择,老百姓把钱存入银行,银行就用这钱去购买国债,也许并不总是自愿的,即便不合算,国债也得买,因为这是政治任务。

这样做的缺点是:把钱从一个口袋倒腾到另一个口袋;优点是:与西方不同,国家可以不依赖国际金融市场。中国不会像南欧国家那样遭遇信任危机,整个中国债券市场只有7%归外国银行所有,就连国内的私人投资者在债券市场上也无足轻重,他们只持有全中国大约1%的债券,国家级选手手中的债券超过92%,他们几乎从不进行任何交易,就把债券握在手中直到期满,抛售国债就等于表明不相信国家有能力还债。但是国债的有效交易是金融市场现代化最重要的先决条件之一。

将人民币提升为储备货币是中国政府公开宣称的目标,做到这一点后,中国就可以像美国一样享受"特权"了,让外国出钱弥补自己的财政赤字,——如果什么时候有财政赤字的话,但是怎么才能说服其他的国家不储备美元,而储备人民币呢?

一个比较简单的办法是,外国的中央银行从互换得来的人民币中取出一部分,不用于贸易,而用于投资中国的国债,然后把中国国债存入保险库,作为美国国库证券以外备用的外汇储备。但是这个门槛是比较高的,因为对于外国来说,用于贸易的人民币只是短期持有,可以用等价的货物抵偿,而外汇储备是个长期的保值手段,功能重要得多,它支撑着整个国民经济,外国人如果以人民币为外汇储备,那么他们与中国的紧密关系就要维系得更长久。

偏偏是日本在 2012 年 3 月决定接受价值 100 亿美元的中国国债,相对于日本价值 1 万 3 千亿美元的整个储备来说,这个数字也许很小，但这只是个开始，不管怎么说，这是世界第三经济大国发出的一个强烈的政治信号，让人充满了期待，鉴于中日之间一再面临擦枪走火的紧张形势，这个信号的政治意义尤为重要。

尼日利亚富产原材料，在非洲是仅次于南非的政治强国，它也迈出了重要的一步，到2012年3月，在短短的6个月内，它建起了价值达5亿美元的人民币储备，相对于整个外汇储备来说，这也只是很小一部分，大约是1.5%，但是尼日利亚人打算把这个比例尽快提高到10%。这在非洲是个信号，坦桑尼亚和其他非洲国家纷纷步其后尘，甚至沙特阿拉伯，全世界最大的原油出口国，美国的坚定盟友，也表示有兴趣建立人民币储备。到2012年年中，外国持有的人民币储备规模估计已达150亿到200亿美元，就连美国的《华尔街日报》也认为在今后两年内增长到1000亿美元的潜能是完全可能实现的。

为了满足全世界对人民币的需求，中国政府不仅有选择地向一些国家直接提供中国国债，而且非常倚重英国遗留下来的金融中心香港。与中国大陆不同，在资本流动方面，香港是全世界最少受到管制的金融中心之一。早在2007年6月这里就响起了人民币国际化的起跑信号。自那以后，中国的金融机构可以在香港发行人民币债券，广东话称之为"点心债券"。外国投资者用外币购买中国企业和西方企业发行的人民币债券，或者说得更简单些：企业向外国人借来美元，以后用人民币还本付息，这样，中国的大银行可以在香港市场上积攒新的国际资本。

看到这一切运作顺利，国家也开始借钱了。中国是第一个不留后患走出世界金融危机的国家，局面稳定下来以后，2009年10月，北京发行了价值至少9亿美元的国债。在中国5000年的历史上，境外的国家和机构,包括银行、保险机构、养老金机构等,第一次有了机会可以直接参与中国国家的融资活动,2010 年 11 月又发行了一批债券,市场价值超过 10 亿美元。

发生这样的事,并不是因为中国突然缺钱了,中国的目标是非常明确的,那就是要让人民币登上国际舞台,并且确保国内的企业能够得到足够的资本。在金融市场上国债有个很重要的功能,那就是为企业债券指定方向。由于企业的破产风险较高,而国债就要保险得多,所以企业债券的利率至少要与国债一样高,甚至应该比国债更高。这个简易法则在市场上通行无阻,所以中国想要推动企业债券市场,就得先进行国债交易,哪怕只是很有节制的交易。

从 2010 年 7 月起,所有的企业,不论是香港企业还是外国企业,都可以在香港发行点心债券。一大批康采恩,其中包括大众,甚至还有德国的国家银行集团德国复兴信贷银行,都把这种证券推向了市场,为它们在中国的经营活动提供资金,连麦当劳这么一个最最美国式的企业也没放过这个机会。市场对人民币投资机会的渴望使得债券的总额从 2010 年的 412 亿元上升到 2011 年的 1660 亿元,同时债券的最长期限从 3 年到 5 年,最后延长到 10 年。期限最长的是 2010 年 10 月亚洲开发银行(ADB)发行的债券和中国财政部发行的中国国债,都是 10 年期债券。

当然大部分债券期限还是比较短,大都为 3 年,从中可以看出投资者的谋利取向。他们购买债券时很少注意风险和发行方承诺的利息,而是寄希望于有朝一日人民币对欧元和美元升值,除了当局在中国大陆和香港实行的自由化改革以外,这也是点心债券市场旺盛的一个很重要的原因。这个市场不仅为机构性的客户服务,比如印度尼西亚的中央银行从 2012 年 7 月以后就在这里收购人民币储备，同时也使国际上的私人投资者有机会参与中国的繁荣发展，虽然他们不太可能直接购买面值至少1百万元的债券，但是通过专门收集小额投资者资本的人民币基金，他们也可以把自己的积蓄投放到远东，鉴于目前西方萧条的经济状况，这绝对是个诱人的机会。

香港的债券市场当之无愧地成了中国大陆之外最重要的项目，但它绝不是独一无二的。国际金融中心伦敦和新加坡现在也取得了人民币交易中心的地位，当然伦敦的表现有些温吞，因为对人民币债券感兴趣的企业大都在欧元区，尤以德国居多，所以法兰克福作为一个补充网点地位也很重要，那里的银行分支机构与在中国生产或销售的德国中产者关系更为密切，当有飞机下降时，那里林立的银行尖顶有时会被机上某些中国投资者当成机场工作人员的简易宿舍楼，美因河边这个小小的都会，在这股潮流中也不应落后。欧元危机把德国人变得眼界狭小了，他们对很多国际上的发展趋势视而不见，比如人民币的崛起。

金融市场改革II：任重道远

债券行业虽然规模还是很小，但至少是动起来了，外国人一只脚已经挤进门了。但中国的股市还是一如既往不改封闭的状态，而贷款领域作为企业集资最重要的途径还处在幼年发展期。如同瑞士联合银行在伦敦向一位黑林山的中产者发放一笔人民币贷款，利率由双方商定，那是多么不可想象的事情。就是在中国国内，贷款也是个棘手的问题。

中国政府面临的挑战太大了，香港那小小的债券市场眼下就是改革的最高成就了，当然就此止步是不行的，当前的问题逼得中国政府不得不把现代化进程继续下去，目前的体制过于僵化，而且向国有经济的需求一边倒，忽视了中小型私营企业。

为了对这个弊端有更好的认识，让我们像中国政府一样，放眼看看位于上海以南大约 500 公里处的温州。这个城市在 19 世纪是少数几个向外国开放的通商口岸之一，这种开放性给这个城市留下了烙印。在 20 世纪八十年代，当邓小平逐渐向外国投资者开放中国的时候，温州人比其他地方的人更早做好了自力更生的准备。在这个港口城市中，为西方提供出口产品的轻工业非常发达，城里有几百万人口，现在大约有 4000 家鞋厂，被称为"中国鞋都"，另外温州还是世界上最大的打火机生产基地，打火机产量占全世界 70%。

相比中国传统的经济体制，温州是个另类。国家靠大银行提供资金，虽然某些国有企业已经像私营企业一样行事了，国家还是把无数的国有企业当作最重要的经济支柱，而温州却成了中国的民营企业之都，80%的职工在大约 400000 家私营企业就职，这个城市的企业家精神闻名全国，同样出名的还有温州人对高风险投机活动的偏好。

中产阶级应该怎样在全国发展起来，在温州可见一斑。在强大的竞争压力之下，中产者们开始革新产品，用越来越多的精致产品替代鞋和打火机，出口到国外。他们还渐渐地把生产活动迁到内地、东南亚甚至非洲，因为那里工资低廉。在一二十年前，他们有幸接受了外国人的直接投资，建起了合资企业，现在他们自己成了外国投资者。这个小范围的发展模式本该在全中国得到推广，但是至今难以实现，主要原因就在于中国落后的金融市场。

当温州出现了私营的贷款灰市的时候，其他地方的中产者还是不得不指靠国家。大银行根本就不屑于花费精力去考察小企业的经营模式，所以也不愿意扶持小企业度过艰难的创业期。

所以私营企业主就得在家庭和朋友圈子中筹集资金，如果这个圈子不能满足他的需求，他就去向未经官方许可的金融机构借黑钱，那是代价很大的，利率会比正规的银行贷款高出好几倍，高达90%都是有可能的，这只有在经济景气的时候才行得通，否则筹措资金的负担很快就会把企业主压得喘不过气来，比如在金融危机和欧元危机期间，全世界需求锐减，温州也受到了打击，这种事情就在所难免了。2011年就有一些还不出贷款的工厂主一夜之间逃之夭夭，引起了很大的震动。这个城市的非法金融市场眼看就要崩溃了，而且突然引起了官方的注意。但是官方的反应并不过分敏感，在极端情况下，从事非法贷款的人在中国是要获死刑的。

30岁的女商人吴英真的因为非法贷款被判了死刑，幸好最后中央出面干预，取消了死刑判决。中央的反应很温和，是因为已经认识到了企业主的筹资问题。中国政府没有对金融黑市发起一场大规模的战役，而是设法把影子银行合法化。温州被指定为官方试点区，在这里私人金融服务机构可以合法发放贷款，虽然这些机构还是必须与国家承认的银行合作，利率也由国家规定，但其间的进步是显而易见的，因为这些机构服务的是另外一群对象：中小企业主终于可以合法、快速地获得资金了，而且代价也不算太大。另外温州人还获得特许，可以把一部分财产投入他们在国外的企业中，最高金额为每人300万美元。

自由化的资本市场有朝一日能给中国人带来什么样的机会，温州人已经预先尝到了甜头。西方银行，尤其是德国银行，只要获得许可,就可以用自己的专业技能帮助这些企业,但前提是人民币自由化,因为人民币自由化以后,资金进出国境就更容易了。十八大召开之后不久,2012 年 11 月底省政府公布了一个 12 条计划。据专家估计,仅在温州就有折算后相当于 1300 亿美元的资金等待投资。

这个事例说明,中国政府至少已经明白了新的金融体系应该是什么样的。曾经的金融大都会上海也要重新改造,北京计划到 2020 年把上海再次打造成国际金融中心,恢复曾经的地位。这是个非常艰巨的任务,需要以前所未有的速度建设组织机构,培养专业技能。但是中国的变化速度超出所有人的预料,这也不是第一次了。

有了改革的意愿,就能激发出难以置信的力量。中国新的领导班子开始着手把没有完成的改革继续下去,20 世纪九十年代后期,中国在改革途中半路卡住了,因为那时人民币国际化的时机尚未成熟,亚洲危机正好让反对改革开放的人占了理,而且人民币也没有把握与美元一较高下,就是在亚洲也不行。但是现在形势转变了。

要让上海作为金融大都会重现昔日的辉煌,还有很多事情要做,首先就是股票交易有待改进。尽管新股上市热闹非凡,股票交易忙碌活跃,但从根本上说,上海的股市其实还处在幼年期。虽然就电子交易系统等硬件设施来说,上海证券交易所完全可与纽约和伦敦媲美,但是现代性只停留在表面。

一个排除政治影响的开放的股市在中国不啻是一场革命,因为股票交易被政府封禁了几十年,直到 20 世纪八十年代才又重新开禁。20 世纪八十年代末发生在深圳的一个小插曲可以说明初期的股市是多么的混乱无序。

1987年5月,国有的深圳发展银行(SDB)发行股票,这是事件的背景。因为股票几乎无人问津,当地的政府就动员自己的职工使劲购买这种证券,即便有了这样的官方支持,股票还是只散发了一半。1989年当整个国家在严重的经济衰退中唉声叹气的时候,新当选的股东却可以扬眉吐气了,因为他们在那年春天首次分到了红利。银行非常慷慨,虽然它的股票在1988年的售价还不到20元,但是它分给每位股东每一股10元钱的现金红利,在最上面还附加一股。买了股票的人在短短几个月中就能挣回原始本金的好几倍。

在一次公开的拍卖会上,一位投资者开价120元买下了当日供应的全部股票,于是很多人才注意到股票交易有利可图,现在他们明白了,原来股票可以升值,这个消息像野火一样迅速传播。投资新手对这样的价格波动还不甚了解,他们持有股票,就像持有利息固定的有价证券,只等着分红,关于股票的知识在实行计划经济的几十年中已经遗失殆尽了。1989年还没有过去,新的投资体验已经传播到其他大城市中,引起非常活跃的交易,有人干脆就在大街上疯狂买卖股票。面对这样的乱象,政府插手干预了,国家需要安宁,政府严格限制股票交易。

尽管如此,中国还是迎来了交易所重获新生的时刻。1990年12月1日,新中国成立以后成立的第一个交易所深圳证券交易所开张营业,大约三个星期以后,上海证券交易所也开张了。从此以后,深圳和上海是中国境内唯一可以公开进行股票交易的地方。准备上市的企业必须符合一定的规则才能"挂牌",也就是被交易所接受。多年以来,深圳交易所主要吸引技术密集型小型企业,而上海则成为国家单位的首选。

现在,如果按照总市值来看,也就是看股票市价总值,中国的股市是亚洲第一,虽然在中国大陆挂牌的股票远远少于欧元区、美国、日本甚至印度。2009 年在中国大陆交易所挂牌的企业只有1700 家,比较一下:在欧元区超过 7000 家,印度有将近 6500 家,美国 5000 多家,日本 3500 家。但中国落后的主要不是数量,而是交易的质量。我们只要看一看中国的交易所里什么成分最活跃,就知道是怎么回事了。据估计,在 2006 年底,交易所里所有可以交易的股票中有 40% 以上在国家机构和国有企业手中, 小额投资者只持有 16%,外国投资者将近 5%。这些数字反映了中国经济改革的成功配方中一味主要配料:大型国有企业互相支持,两手互洗。

中国很多大型康采恩并不是传统企业,而是在 1997 年到 2006年间建立起来的年轻企业。在交易所和以高盛集团为首的美国投资银行的帮助下,这些其实根本还不存在的康采恩得以成功上市,新股上市后筹集到所需的资金, 然后用这笔资金收购同行业的多个地方企业,最后合并成一个国家级的大型企业集团。

最早的实例是电信业的巨人中国移动, 它起初是由 6 个地方企业合并而成的。中国移动在纽约和香港同时上市,从国际投资者那儿筹集了 45 亿美元作为资本,于是一个地方企业的集合体就变成了全世界最大的电信康采恩,顾客超过 3 亿。

循着这条思路,北京的规划者和美国投资银行的金融统帅们又携手打造了其他一些国家级的大型康采恩,而新股上市的重地从纽约移到香港和上海,因为现在国内不缺资本。如果一个国有康采恩要上市,不仅国有银行能够获得股份,而且非本行业的国有企业也要作为大买主参与进来。中国农业银行在 2010 年 7 月上市时募集 221 亿美元,上市规模在全世界历史上居首位,而其中日产的伙伴东风汽车也作为大买家获得了股份。

中国政府把东风汽车这样的国有企业和国家基金称为"战略投资者",它们拥有足够的资本,足以让任何企业成功上市,在新股面向私人投资者发行之前,它们早已获得了股份,并且股价压得很低,以使投资者可以大有收益,由于需求旺盛,新股上市之后行情会立即蹿升,这是一笔稳赚不赔的买卖。

私人投资者唯一的机会是参加摇号。由于需求太旺盛,新股干脆就抽签分配。申购股数最多的人机会最大,这样又进一步刺激了人们对新股的需求。2006 年 10 月,中国工商银行上市的时候,摇号可支配的股数超额申购一千倍,也就是说,1000 个人申购一股新股。所以说,小额投资者在中国股市只是边缘角色,占统治地位的是那些大型的机构性投资者和战略投资者,这也就不足为奇了。

尽管如此,股票还是受到私人投资者的单方面热爱。因为除了房地产以外,这是唯一可以规避通胀风险的理财方式。另一方面,股市由于其不透明性当然也蕴藏着很高的风险,让有些潜在的投资者望而却步,从长期来看,这对经济增长是有害的。出色的康采恩应该通过行情上涨得到回报,反之亦然,这样可以提升企业的效益,使资金流入最懂得如何使用资金的企业中去。

所以,通过股市改革刺激经济增长,这关系到中国的切身利益,但还需要克服强大的内部阻力,因为国有康采恩是股市的宠儿,舒服惯了。接下来就看在以后的几年中,中国政府能否成功地推进改革进程。改革后的股市将加大对国际投资者的吸引力,北京可以以此为契机,进一步对外国资本开放股市,一旦外国资本能够通过正规渠道进入中国,那么人民币在通往世界货币的道路上就抵达了一个重要的里程碑。

王者法则:增加弹性

在过去的十年中,人民币常常受到批评,反对者认为它币值定得过低,甚至有"被操控"的嫌疑。而对于中国人来说,低币值正是他们的经济增长模式最重要的成功因素之一。现在中国的贸易差额已经在很大程度上得到平衡,所以升值压力也明显缓解了。在2012 年,有些分析家甚至认为还出现了轻微的贬值压力。但根本问题依然没变:人民币不可自由交易。

北京在人民币国际化问题上的一切努力都很少改变这个状况,这方面至今没有大手笔。现在最重要的措施就是允许人民币汇率在小范围内波动。人民币不再死守对美元的汇率,只是汇率浮动的规模受到限制,这并不是什么新鲜主意。早在金融危机之前,在2005 年到 2008 年间,北京就允许人民币在狭窄的轨道中对美元缓慢升值,但是金融危机迫使中国人又暂时固定了人民币对美元的汇率。从 2010 年 6 月开始,人民币汇率又可以轻微波动了。浮动的规模,也就是所谓的波动幅度,在 2012 年 4 月从 0.5%扩展到 1%,在一天之内,人民币对美元的升值或贬值不得超过 1%。据分析家预计,中国很快就会将波动幅度扩展到 2.5%或 3%,如果一切顺利的话,后面的路很快就会畅通无阻,波动将达到 5%或 10%,最后甚至会发展到由市场决定汇率,中国中央银行只是偶尔干预一下。

但是在人民币完全获得自由之前,中国先要在可以一览无遗的小范围内试验一下,看看人民币的现代化自由交易会是什么样子的。为了这个目的,政府代表于 2012 年宣布要在与香港毗邻的南方城市深圳设立一个金融特区。金融市场的开放还是完全遵循市场经济改革的传统，经济改革就是先局限在所谓的经济特区中，获得成功后，才开始向全国推广。

如今已经大获成功的出口业当年就是在经济特区中收集到了最初的体验。毛泽东去世以后，邓小平开始在中国推行市场经济改革，当年的深圳还是个仅有 3 万人口的小城，与当时英属的繁华都市香港之间只隔一条小河，1980 年 5 月邓小平就在此处开设了第一个经济特区，尝试市场经济改革，鸟儿要先在笼子里试飞。试验非常成功，香港的投资者蜂拥过河，开办新厂，因为高工资和空间狭小而饥渴干瘪的香港工业重新焕发了生机。现在的深圳人口已超过 1200 万，是中国经济增长最快的城市之一。

现在要按照邓小平精神在金融业中复制生产领域的成功，于是在深圳成立了"前海深港现代服务业合作区"，按照政府的措辞，这是为了"探索开展资本项目可兑换的先行试验"。在深圳，一定数量内的人民币可以自由兑换。西方进口商可以在这里储备人民币，用来购买中国商品，中国的企业也可以在这里获得国际资本。拥有交易所的深圳现在又获得了新的特殊功能，大大加强了作为中国金融重地的地位。

这些措施是人民币通往世界货币道路上的重要步骤。北京在深圳小处练习，以便将来在全国大处实践。这样一来，完全的自由化就不再是突如其来的变故，就不那么可怕了。"国家的政策取向是逐步实现人民币资本项下的可兑换，"。

如果这一天真的到来了，人民币将不只是在中国境内，而且可以在全世界的金融中心自由交易，首先进入视野的是现在的人民币离岸中心香港、伦敦和新加坡，那些地方现在就已经提供人民币服务了。

但是目前在自由兑换方面独占鳌头的却是中国在东亚的夙敌和强劲对手——日本。要想筹措人民币,货币互换毕竟只是一个繁琐的权宜之计,而东京的日本人获得了一个货币政策方面的特殊荣誉,他们可以率先在自己国内直接兑换货币,这才是长久之计。从 2012 年 6 月 1 日起,在上海和东京两地可以实现日元和人民币直接兑换,为中日贸易提供便利。中国的中央银行根据直接交易做市商的报价确定两种货币的兑换汇率。

中国和日本这一对劲敌的打击方向是非常明确的:对付共同的敌人,要在中日贸易中尽量排斥美元。从 2001 年到 2011 年,两国间的贸易用人民币结算的还不到 1%,这样的时代现在已经结束了,而东京仅仅是个开始。有朝一日中国的货币将像现在的欧元和美元一样可以自由交易,中日两国已经为未来的交易网奠定了基石。

在上海,人民币现在已经可以和很多外币直接兑换了,其中包括俄罗斯的卢布和马来西亚的林吉特,但汇率不是自由浮动的。卢布汇率每天与前一日偏差的最大幅度可达 5%,这是送给普京的政治礼物,其他货币的汇率波动幅度为 3%,这一切也为人民币成为可自由浮动和可自由交易的世界货币奠定了重要的基础。

兴奋之下,我们也不能忘记,可自由交易是人民币逐步自由化进程中的最后一级台阶,如果说逐渐实现贸易的人民币结算是件相对容易的事情,可以由中国的金融市场独立完成,那么真正自由浮动的汇率将会牵涉中国的整个金融系统,而银行还远远没有做好准备。

第 *6* 部分

西方的货币危机

世界货币的功能就像世界通用语言差不多，我们更愿意使用交流各方都懂的语言。英语能成为世界通用语，就是出于这个简单的原因，而不是因为英语有什么语法优势或语言本身特别优美，至今德国的企业家在中国做生意，用的也还是英语。美元的情况也一样，因为它是全世界普遍接受的货币，所以印度人和中国人做生意也得用它结账，国际上还得用它确定油价。正如英语的特殊功能要归功于它的祖国在殖民时代的霸权地位，今天的美元之所以能在全世界通用，是因为美国是当今世界最强大的国家。

　　但是美元的两个潜在竞争对手现在已经成长起来了。在新世纪的第一个十年中诞生了欧元，第二个十年刚开始，人民币就渐渐摆脱了束缚。欧元刚诞生就深深陷入危机之中，前景很难预料，目前不能指望欧洲的欧元能取代美元。与此同时，中国人面对美国人，还有欧洲人，却是越来越自信了，正如我们所看见的，这绝不是妄自尊大或虚张声势，人民币确实具有成为世界货币的潜力。

　　美国的政治家和中央银行的银行家们怎样应对这个新的挑战

呢? 答案是:他们的表现很拙劣,且与目标背道而驰。作为一个超级大国,这样的反应是出人意料的,但是纵观历史,这样的事情并不罕见，那些已经过了鼎盛时期的国家的统治者们往往不敢正视现实。这个曾经前途无量的国家现在也正在疏忽懈怠地侵蚀自己的根基,那可是美国梦和美元的根基。这是世界大国开始走下坡路的典型表现:自认为卓尔不群,天下无敌。没有谁比中国人更了解这种危险,正是狂妄自大害得中国在 19 世纪沦为西方帝国主义列强利益的牺牲品。北京从昔年的过错中吸取了教训,华盛顿还没有。

世界货币日落西山,美国的危机

　　美国人越来越懒散了,他们曾经辛苦打拼创造了财富,现在他们坚信自己天生就该享受荣华富贵。其实他们早就入不敷出了,花出去的钱是他们这辈子也挣不回来的,这让他们很沮丧,但只要没人能跟他们作对,问题还不大。但是在过去的 30 年中,像中国这样的国家为全世界生产商品的能力越来越强，连美国的品牌和连锁业也深受吸引。在争夺美国乃至全世界的市场份额的斗争中,美国人只有做到价廉物美才能赢，于是他们就把生产都迁移到中国和其他的新兴市场国家去,从 1990 年代开始,美国的工业生产成分就不断下降,给美国的工资也造成了压力。

　　虽然兆头不佳,但美国人相信他们的财富会继续增长。流水线工人们被告知,工业生产已经过时了,服务业的时代来临了,而服务业的巨大赢利早晚能满足所有人的需求,在这之前可以举债度日。

在 2007 年金融危机初显端倪的时候,美国的家庭债务已突破
2 万 5 千亿美元大关,其中大部分都是消费者贷款,也就是说,他们
欠债不是为了买房,而是为了买个新的洗衣机或买辆新车。信用卡
和现贷业务非常活跃,供方以没有利息的分期付款条件吸引顾客。
一开始看起来,生产迁移对美国人似乎还是有利的,由于中国的低
工资,产品价格便宜了许多,美国人希望问题能够自动消除,虽然
有那么一些人就业困难,但便宜的进口货能便宜所有人。对于中国
的供货方来说,一个黄金时代开始了。百货连锁店沃尔玛主要在中
国采购,它的连锁超市越来越多。企业主继续向亚洲迁移他们的生
产,那些不在中国生产的企业就会在价格战中处于劣势。

美国的政治家们看见了问题,却束手无策。美国的消费者就像
染上了毒瘾一样依赖中国的便宜货。

失业率增长的强劲势头超出了预计,一切都太迟了。为了让一
部分生产重返美国,全面征收进口税是最简单的办法,但是不行,
因为这也会伤到在中国进行生产的美国企业。现在就靠服务业拯
救美国了,美国已经高度发达,生产这种事情应该让别人去做,这
话听着就像在伸手不见五指的林子里吹口哨给自己壮胆。就连苹
果那么成功的制造商也认为,他们那些热销的电脑、MP3 和触摸屏
手机不是"美国制造",而只是在美国开发和设计,这是理所当然
的,更有甚者,这成了他们经营模式的基本特色。自鸣得意的美国
政治家们盲目相信,对于居于领袖地位的世界霸主来说,全球化是
有利无弊的,所以他们还在刺激民众的消费,继续火上浇油。

泡沫膨胀

虽然美国的中央银行是独立于政治的，但银行家们犯了同样的错，他们相信可以通过消费走出危机。2002 年 3 月，互联网泡沫破裂以后，美联储在政府的支持下，还是采用老办法，实行扩张性货币政策，刺激经济复苏。美联储向市场注入大量的新钱，这些新钱通过银行流入股市，通过贷款流入经济体系，利率之低前所未有，从 2000 年 5 月到 2003 年 6 月，美联储的贴现率从 6.5%逐步降到 1%。银行批准的高风险投资越来越多，因为得想办法把钱送出去，马上又要来新钱了。

房地产市场具有几乎不可限量的潜力。几百万美国人梦想拥有自己的房子，但信用不够，贷不到款。现在要改变这一切，美国人对房地产的需求快速上升，房子都来不及建造。房地产不断涨价，银行想当然地认为这样的情形会一直持续下去。银行的逻辑是：房价炒得越高，银行发放贷款就越安全，如果欠债人还不出贷款，银行只要卖了他的房子就能把钱收回来了。

房贷机构发放贷款就像在科隆嘉年华上分发奶糖。不论谁想要房子都能如愿以偿。一个采摘草莓的工人突然买得起价值 75 万美元的别墅了，招待和女佣买起房来不是一套一买，而是几套一买，用将来有望获得的房产赢利做担保，但那不是他们能左右的。房贷机构以为有利可图的贫困贷款人市场是不会枯竭的，所以不断谋求更多的新钱，同时开始向投资银行出售它们的贷款，以便在资产负债表上为新的贷款腾出空间。把这套机制练熟以后，房贷机构就成了投资银行的销售员,每做成一笔生意,它就抽取提成,并把贷款风险转嫁给投资银行。而投资银行又把买来的贷款打包成抵押债券,让著名的评级机构穆迪公司和标准普尔把这些债券的信用级别评为安全,然后把债券卖给全世界。

安全的债券加上高利率——投资者闻风而动了。一部分抵押人还不上钱的可能性始终是存在的,所以债券由评级机构评估后被划归各个不同的风险级别,AAA 级别的债券亏损风险最小,所以售价最高,级别较低的债券由于其较高的亏损风险售价当然就较低了。

把贷款重组成债券之后,投资银行收益不错,但这还不够,它们还发现并充分利用了评级机构评级制度中的缺陷。投资银行把先前已被评为 BBB 的质量不高的抵押债券收集起来,重新打包成新的金融产品,再让评级机构评级,评级机构低估了其中的隐患,马马虎虎地又给这些新的金融产品评了个 AAA。

机构性的投资者,比如人寿保险公司、养老保险机构、国家银行等,现在可以购买这些债券了,因为 AAA 的级别说明债权是有保障的,对方不会无力偿还,所以中国的银行上了钩,德国的银行也上了钩,于是德国的州立银行、爱尔兰基金和中国人一起为美国房地产的兴旺市场买单。这些国家之所以上当,还有一个原因:这些抵押出资者从根本上说是国家机构,全世界最领先的经济大国的国家机构不可能没有支付能力。上当国家没有注意到,或者说利令智昏不愿意注意到,美国次级贷款的质量越来越次了。

房贷机构作为行动迅速的中间商,卖力地发放贷款,使得贷款数量不断攀升,同时贷款发放的标准不断软化,贷款人甚至连收入证明都不需要出示了,本来根据收入证明可以实事求是地估计他是否能够以及什么时候能够偿还贷款。高盛集团、富国银行和摩根士丹利还是照样愿意购买这些贷款，为的是徒手把这些债务制作成债券，然后尽快脱手，散发到全世界。

房贷机构还喜欢玩弄另外一种诡计：最初两年利率定得很低，而且是固定的，以此引诱新顾客，等到两年期满，固定利率变成了浮动利率，而且一下子大幅提高。低收入的债务人付不起突然上涨的利率，但是没关系，房价在涨，他们可以以房产的赢利作抵押再次贷款，用以支付第一次贷款的利率，这样滚雪球式的交易终有一天要崩溃。

不可避免的事情终于发生了。在不断升级的拉力赛持续了几年之后，房产所有者们越来越不相信房价会如别人承诺的那样飞涨，他们开始卖房了，一旦有人做出这样的举动，周边的人势必紧张起来，也决定尽早拿到自己的赢利，于是房产市场上的玩家卖房的比买房的多了。

房价突然急转直下。债台高筑的美国穷人失去了他们的房子，银行手握无数不值钱的房产，陷入资金窘境。华尔街的投资银行也深受打击，并不是所有的有毒金融产品都能及时脱手，其中很大一部分还在它们自己的账面上。损失是无比巨大的：美林证券损失了500亿美元，花旗银行损失了600亿，而在摩根士丹利，仅仅一位债券业务员豪伊·胡布勒及其团队就造成了90亿美元的损失。在那个混乱的时期，银行家们完全失去了安全感，彼此之间都不敢借钱。传统银行贝尔斯登率先倒下，被摩根大通贱价收购，最后雷曼兄弟投资银行也破产了。

但灾难不仅于此。因为全世界都买了美国的房地产贷款变来的金融产品，所以到处一片恐慌。世人长久以来一直以为美国的抵押债券像国债一样安全,现在发现它原来是剧毒的,其毒性足以使银行瘫痪。不堪重负的银行在发放新的贷款时变得异常小心谨慎,哪怕新的贷款与美国的房地产毫不相干,而这又打击了依赖新贷款的生产企业。与此同时,数百万美国人负债累累,手中房产的价值比他们所期待的少了一半,他们要长期受穷了。无数的国际投资者买了这种债券,受到很大损失,那些手里还有些钱的人变得小心起来,减少消费甚至干脆不消费了,这样危机就蔓延到了实体经济。

纠缠不清后患无穷

美国政府站在一片废墟前,满目凄凉,金融体系崩溃了,经济跌入谷底,失业率打破纪录升到 10%。现在美国人开始追究责任了,众所周知,责任总是在别人身上。这时候的"别人"就是中国,美联储主席本·伯南克恬不知耻地声称,形成美国房地产泡沫的一个重要原因是全球范围内的"储蓄过剩"。他的意思是:亚洲新兴市场国家和工业国家的人民群众太节俭了,不肯花钱购买美国货。说得更言简意赅一些:欠债的人是受害者,而节俭的人是害人精。亚洲人把他们的储蓄大都投资到了美元区,伯南克认为,他们对美元投资机会的庞大需求压低了美元贷款的利率,所以才产生了泡沫。

但是伯南克隐瞒了一个情况:美国迫切需要外国资本。如果没有人在国外欠下美元债务,美国人就必须改变他们的生活方式,举债消费是行不通的了。美国人早就停止储蓄了,在 1990 年代初期,美国的家庭储蓄率为 7%,而到金融危机前夕几乎降到了零点,而且这个问题始终没有解决,在 2012 年 9 月,美国人的储蓄率还是只有 3.3%。比较一下:德国家庭在 2012 年上半年的储蓄率至少是 10.4%,而中国人甚至把超过三分之一的收入都存入了银行。

美联储主席的批评针对的不仅仅是外国私人家庭的储蓄行为,他对那些国家也不满,尤其抨击了亚洲的中央银行,在经历了亚洲危机的创伤之后,它们成了美国国库债券和半国家性质组织机构债券的最勤奋的买家。一旦自己的货币突然遭到投资者唾弃了,只要有足够的美元储备,这些国家就能支撑更久,确保自己有能力用美元兑换本币,从而免除本币的贬值压力。比如说韩元在亚洲危机中汇率暴跌,最后还是靠美联储的一笔美元紧急贷款止住了跌势,所以韩国把它的外汇储备从国内生产总值的 5% 提升到了 25%。

最大的外汇收藏家是中国。中国对美国的出口不断增加,为了无论如何保住对中国有利的低汇率,中国政府用出口收入的美元购买了美国的中期有息证券,这对中美双方都产生了非常不利的后果。一方面,流入中国的美国债券太多了,使得美国国内助长房地产泡沫的低利率还在继续走低,如果中国不插手,美国的利率就不会低到这个地步;另一方面,中国投资的是美国国家扶持的地产抵押银行房利美和房地美,它们后来成了金融市场危机的震中。中国的中央银行行长周小川早在 2003 年就预见到了这场危机,他在迪拜的国际货币基金组织会议上向发达国家的代表指出了其中的危险,可偏偏是中国的中央银行因为大量的外汇储备而加重了自己的危险处境。

矛盾的货币政策表明,中国人民银行被出口导向型增长策略捆住了手脚。虽然目光长远的金融专家早就意识到了风险,但是中国的金融战略家想不出别的办法,还是得继续购买美元债券。这也说明,一个国家的货币要是得不到全世界的广泛接受,这个国家该是多么的无助。中美之间债权人和债务人的紧密关系已经从双赢变成了双输。

肆无忌惮的债务政策

美国政府应对金融市场危机的办法是:印钱,而且规模无比巨大,这是它每逢经济衰退必走的路。美国人要用总额为8380亿美元的美国历史上规模最大的复苏计划刺激经济,同时美联储继续为银行提供条件优惠的资金。后果令人警醒:四年之后,美国的国家债务从10万亿上升到16万亿美元,据国际货币基金组织估计,2013年美国的赤字超过了国内生产总值的7%,但经济还是在继续衰退。市场上的美元越来越多,一座钱山,却几乎没有新的产品与之匹配,通货膨胀是注定的结果。

美联储主席伯南克显然并不为此操心,依他看来,不得已时要动用直升机投放美元,以鼓励美国人再度燃起消费的热情,因此他得了个"直升机本"的雅号。人类社会共同的历史教训令他刻骨铭心,他最害怕的不是通货膨胀,而是通货紧缩,1930年代,正是通货紧缩把一场单纯的经济危机变成了经济大萧条。

伯南克从专业的角度仔细研究过这种现象。怎样防止萧条时期的通货紧缩,在经济学专业领域中存在一个共识:美联储当时应该大幅降低利率,同时大量印钱。充斥市场的美元能支撑物价,低利率能鼓励企业投资。这正是当前美联储政策的写照。

但是这样吸取历史教训未免过于简单了，忽略了不同时代的不同背景。与 20 世纪初叶不同的是，在 21 世纪初叶美国人的印钱规模已经到顶了，正因为如此，美国的利率现在已经并且还将继续接近于零，几乎没有继续降低的空间了，美联储的行动能力已经触及极限，经济学家把这种现象称之为流动性陷阱。最突出的实例就是日本，二十年来，日本饱受通货紧缩、高失业和低增长之苦，可日本的利率已经多年接近于零了。

为了避免重蹈日本的覆辙，鼓励民众消费，多年来美联储一直在努力说服他们宁要通货膨胀，不要通货紧缩，伯南克的直升机高论也正是在这样的背景下发表的。因为利率几乎不能再降了，美联储就采用非常规手段增加货币供应量：按照"量化宽松"计划购买美国国债。量化宽松意思就是放松货币数量，这个词掩盖了一个真相，那就是除了接着印钱之外，美联储什么也不干。当中央银行试图避免通货紧缩的恶性循环，缓解经济衰退时，它其实是恶化了美国的一个根本问题：泛滥成灾的债务。

美国还在导致 2008 年金融危机的道路上继续前进，以低利率提供优惠资金，不惜一切代价加快增长。结果低利率不过是重新刺激了消费，而这并不利于解决美国的第二个根本问题，即提高美国人的储蓄率，遏制私人债务，再次爆发危机的可能性是很大的。举债度日的美国式增长模式早晚会触及极限，债台高筑使得美国长期稳定的增长机会丧失殆尽。

这不仅为人民币国际化提供了良机，而且也迫使中国人加紧行动。到现在为止，美国经济的疲软一直能够通过美元作为世界货币的特殊地位得到平衡，外国在为美国的消费买单。中国人在美元区投资，虽然不指望高利润的回报，但至少能看到自己的钱投进了一种安全的货币，而美联储不负责任的货币政策正在一天天侵蚀这个根基。很显然，饱受外贸赤字和国家债务困扰的美国政府对美元贬值是热烈欢迎的，美元贬值能增加出口，还能减少国家债务的实际价值。

美联储的扩张性货币政策最终的目的不是别的，就是美元贬值。对于国际货币体系的前途来说，最重要的问题是，美国的实力是不是还足以让全世界的美元持有者听任美国为所欲为，因为美元贬值将会给他们，特别是给中国人造成很大损失。美元的购买力下降，他们的外汇储备也会随之缩水。美元已经不适于在国际货币体系中担当主导货币了，中国人得出这样的结论并不是出于什么政治阴谋或膨胀无度的民族感情，而只不过是担心自己的外汇价值，有这样担心的并不止他们一家，这对美元来说不是个吉兆，美国政府丢车保帅，为了债务政策舍弃了美元。

欧洲参与角逐

美元的神圣光环正在一天天消褪，悄无声息的，却是不可遏止的。但是要在国际货币体系中掀起一场革命，最终摒弃美元，首先要找到一个可靠的继承者，世人的目光不止一次投向欧洲。在1970年代美国经济已经经历过一次衰退，一时间，有人认为德国马克有实力替代不稳定的美元成为主导货币，德意志联邦银行的成功政策能够长期避免通货膨胀，保持德国马克的稳定，特别是在1977年到1980年的美国高通胀时期，德国马克显得比疲软的美元更值得信赖。但是，德国马克没有规模足够庞大的国民经济和坚挺的金融市场做后盾,所以成不了全世界的主导货币。美国是领先的贸易大国,而联邦德国哪怕强大,也只是政治经济缺乏独立性的侏儒,客观地说,美元是没有值得刮目相看的对手的,所以它能从容不迫地从疲软中恢复元气。

但现在形势已经大不一样了。美国面对的不再是联邦德国的马克,而是欧盟的欧元,而欧元是专为与美元分庭抗礼而诞生的,依靠欧元的帮助,欧洲可以把自己从美国的控制下解放出来。德国马克成为世界货币所缺乏的先决条件对旧大陆来说不成问题:欧洲是个强大的经济区,人口数量和生产能力都超过美国。据国际货币基金组织估计,2012 年欧盟的国内生产总值达 16.41 万亿美元,而美国只有 15.65 万亿,而且欧盟的国际贸易网络也比大西洋彼岸的伙伴更完善,2010 年欧盟的出口占全世界出口的 16%,进口在全世界所占的比例是 17.5%, 而美国的这两个数字分别是 11.4%和16.9%。

对于欧元区的贸易伙伴来说, 其实持有欧元比持有美元更有意义。事实也是如此,欧元作为贸易货币使用范围越来越广。据环球银行金融电信协会(SWIFT)的报告声称,到 2011 年中期,在通过它的平台完成的国际支付中有将近 40%是欧元支付, 而美元只摊到 35%。其实这也并不奇怪,毕竟欧元区的贸易额大大超过美国。

值得注意的是, 欧洲之外其他国家之间的大部分贸易还是以美元结算,而不用欧元。如果要问欧元上升为世界贸易货币为何如此缓慢,那就再来看看世界货币与世界通用语言之间的共同之处。现在全世界都说英语,至少还得过上几十年中文才可能排挤英语,因为对于大多数人来说,中文还得学起来。欧元和美元之间的关系也是这样,要让贸易各方都接受欧元,也得有个习惯的过程。不论条件多么有利,成就一种新的贸易货币也需要几年的时间。

而世界货币可不止是贸易货币,它应该扎根更深。首先得让企业有兴趣以新货币储存其一部分战争经费,一般说来,最先做出表率的是以本币把收入登账入册的西方企业,然后新货币流通区以外的企业也开始用新货币保存一部分储备,如果看到新货币安全而又稳定,私人存储也会跟上,最后新货币才成为各大央行的储备货币。在这方面欧元已经可以与美元竞争了,毕竟欧元储备已占国际外汇储备的25%,所以欧元至少已经从美元的储备蛋糕中割走了一块。

但是这种升势是有极限的。欧元成不了世界货币,因为还有一个先决条件没有得到满足:一个庞大的"流动的"债券市场。中央银行所持的外汇储备通常是以国债形式存在的,有时也有半国家性质的机构和大企业的债券,原因很简单,中央银行需要一定的弹性空间,必要的时候随时可以出售外汇储备。债券市场必须足够大,这样的话,一般的买卖就不会撼动市场价格,毕竟谁也不希望自己到菜市场买2公斤番茄就会引发番茄涨价。美国的国库债券市场就是一个庞大的流动的市场,而欧元区内还没有开发欧元债券市场,欧盟只能提供各个成员国的国债,这些国债作为保值手段,远远不如美国国债坚挺和安全,在欧元危机之前就是这样,现在就更不用说了。

目前看来,欧元也许能够幸存下来,但要怎么才能幸存下来,无人敢做猜度。政治家们赞扬欧元是美元强大对手的时代暂时终结了。美钞甚至在与欧元的角逐中又夺回了一些领地,从2011年初到2012年中,世界外汇储备的美元比例从61%左右上升到62%左右,同时欧元比例从26.5%下降到25.1%。

货币的愿景变成了梦魇

欧元危机的罪责在于一个设计错误。欧元把希腊这样的弱国和德国这样的强国集于一体,在欧元创立之初,大多数政治家都把这看成是一个良机。欧元从来就不只是一种单纯的货币,它还是欧洲理念的体现,迫使各个不同的国家加强合作。新货币的良好信用使得南欧的经济弱国有机会获得此前无法想像的低利率贷款。欧元的倡导者们希望,低利率能刺激这些弱国的经济,有助于形成一个经济平衡的繁荣欧洲,欧盟内部各个经济区将在一定程度上融为一个和谐的整体。

一开始好像还能如愿以偿,欧洲内部的利率互相协调,南欧国家利率下降。但是美梦很快变成了噩梦。低利率确实能使那些国家及其国内的家庭得到更多的贷款,但是就像2000年美国的情况一样,冒险意识急剧膨胀,尤其希腊人胆大妄为,在加入欧元区时他们就不够诚实。这个欧元高级俱乐部接纳新会员的标准是该国的新债最高不得超过3%,于是他们就做假账隐瞒了巨额赤字。

欧盟睁一只眼闭一只眼,因为接纳希腊是政治需求,欧盟要尽快发展壮大,所以2001年希腊也开始使用欧元,希腊政府现在可以在优惠的条件下弥补赤字了,就这样得过且过了几年。到2009年10月,财政漏洞终于再也掩盖不住了,希腊宣布,预计中的国家新债不是之前公布的国内生产总值的6%,而将达到12.7%,市场震惊了。小小的希腊国,全部债务超过国内生产总值的100%,就凭疲软的出口经济,它永远也还不清债务,而且欧洲联盟条约还包含一个不救助条款，不允许欧盟及其所有成员国为任何一个欧盟国家实行担保。

到了危急关头就可以看出来，所谓同甘共苦不过是痴心妄想，要么相互扶持，要么不管不顾。欧元无法再兑现创立之初许下的稳定承诺。外国的欧元投资者渐渐明白了，南欧国家的国债暗含的风险并不亚于美国的抵押债券，所以他们对风险溢价的要求越来越高。在金融危机之前，2008 年 8 月，希腊国债的利率还只有 4.87%，比德国联邦债券 4.2% 的利率并没有高出多少，但是现在希腊国债的利率昂首阔步地向上挺进了。

事情的发展到 2012 年 1 月出现了一时的高潮。被投资者视为安全港湾的德国在发行新国债时不但毋须再支付利率，而且还能得到投资者的奖励。投资者们互相转告说，德国是中流砥柱，宁可在德国损失点儿小钱，也别在邻国大亏本，于是出现了奇特的负收益率，具体数值是 –0.0122%。投资者们一边向德国捐献资本，一边以 25% 的利率惩罚希腊。欧元不但无益于消除欧洲内部的差距，反而将差距拉得更大了。

泛滥成灾的国家债务不是危机的唯一原因。欧元开始流通以后，低利率强烈地刺激了国家和个人的投资。首先出问题的是西班牙。西班牙人纷纷借钱造房，造房数量之多空前绝后，2008 年房地产泡沫破裂后，地产价格从 2008 年到 2012 年足足下降 30%。银行收不回贷款，也没人再造房子了，西班牙经济陷入低迷。

经济衰退也连累了与建筑业毫不相干的企业，因为账面上突然出现数十亿不良贷款的银行再也无钱出借了。很多公司不得不裁员，失业率攀升到 25% 以上。国家债务剧增，2007 年仅占国内生产总值的 36%，到 2012 年上升到 90%，如果用税金拯救银行，西班牙的国家债务还会向上弹射,将来可能超过 100%。美国的经济专家们新近才发现,国家债务超过 90%,就会对经济增长造成长期的损害。

像希腊人一样,西班牙人必须为他们的国债提供更高的利率,2008 年 8 月的利率是 4.5%,到 2012 年 7 月就升到 6.8% 了,与德国国债相差 5.5 个百分点。多亏了欧洲央行的干预,投资者才没有对西班牙提出更高的利率要求。欧元区形势之紧张已到了一触即发的地步。

就是在别的方面,欧元区各国之间的根本差异也越来越明显,比如说各国生产成本的差距就越来越大。德国在 2000 年代初期还顶着欧洲病夫的恶名,其国内制定工资标准的各方各派多年来一致同意实行工资低增长,而西班牙国内实际工资的增长速度大大超过别的国家。在欧元流通之前,各个国家还能通过货币的升值和贬值使不同的工资水准得到平衡,但是在欧元的统治下就不可能做到了。相反,在危机国家节节败退的时候,由于出口工业的传统优势,德国的竞争力比原先更强了,这更加剧了欧盟内部的贸易不平衡。所有人都该明白,这样下去是难以为继的。

犯规失信

南欧国家借钱购买德国货,买得越来越多,直到什么时候再也借不到钱为止,经济发展一败涂地,欧洲政府不得不违背民众意愿厉行节约,于是在西班牙、希腊以及法国,数十万人走上街头群起反抗,整个欧洲大陆像醉汉一样情绪失控。

欧元雄心勃勃想要成为世界货币，却遭遇坏牌。由于欧元区的局面如此混乱，相形之下，美国和美元尽管问题不断，在投资者看来似乎却还是较为安全的。欧洲只有克服当前的危机，使经济得到长期稳定的发展，超越美国，才能在美元和人民币的角逐中争得一席之地。只有当欧元区以外的人至少像信任美元一样信任欧元，欧元才有竞争力。

可是目前看来，对于欧元来说，这个目标比以往任何时候都更遥远。连欧元区内的人都不信任自己的货币，在2012年秋天，德国有三分之二的人认为，如果使用马克，他们的日子会比使用欧元好过。

这是自酿的苦酒：政治家们认为没有必要遵守他们自己制定的游戏规则。任何一个打算加入欧元区的国家欠债不得超过国内生产总值的60%，每年的新债不得超过国内生产总值的3%，但是在欧元创立之初，这些规定就没有得到重视。上面已经说过，希腊一开始就做假账瞒天过海，意大利的债务明明超过国内生产总值的100%，还是获准使用欧元，德国人向来是最重视财政纪律的，但是没过多久，连联邦总理格哈德·施罗德治下的德国也破坏了所谓的稳定公约。既然犯规不会受罚，法国等其他国家就毫无顾忌了。2011年，债务打破国内生产总值60%上限的国家有：比利时、法国、德国、奥地利、马耳他、荷兰，当然也包括危机国家：希腊、葡萄牙、意大利、塞浦路斯、西班牙和爱尔兰。

犯规的不光是政治家，欧洲中央银行本是欧元的发行者和守卫者，在危机期间却把原先清清楚楚的原则涂抹得面目全非，自己还觉得理由很充分。欧洲央行最重要的任务是维持货币稳定，控制通货膨胀，这是联邦银行移交给它的任务。但是当金融市场不再相信希腊能够清偿债务的时候,欧洲央行犯了难。希腊国债评级分数很低,欧洲央行本不该接受其为发行欧元的抵押担保,但是这样一来,因为直接获得欧洲央行资金的渠道被堵住了,希腊银行就会崩溃,而希腊就必须退出欧元区,但这不符合政治要求,所以欧洲央行别无选择,只能继续接受希腊债券作为抵押担保,后来又买了其他危机国家的债券,为的是这些国家的债券利率不至于升得太高。2012 年 9 月,欧洲央行甚至宣布不得已时将无限制地收购国债。

于是欧洲就来到了美国已经待了几年的地方, 欧洲人也开始无休止地印钱,欧洲央行只能靠购买危机国家的国债来增加货币供应量,欧洲的通货膨胀也不可避免了。欧洲央行偏离了它的最高目标:稳定物价,但它没有选择。只要政治家们还没有就化解危机的有效途径达成共识,欧洲央行就必须充当灭火器,以防欧元区彻底解体。

拯救欧元

政治共识是眼下最迫切的需求,可还是遥遥无期。欧洲的政治家们还在吵架, 争论的焦点早就不单单是如何解决当前的欧元危机,而且还要想办法预防将来再次上演类似的灾难。一面是紧急的救命措施,一面是长期的根本改革,使得政治讨论举步维艰。

为了把欧洲央行从困境中解救出来,维持欧元区的稳定,政治家们首先打起了一把临时救急的保护伞,它的名字繁琐而晦涩,叫做欧洲金融稳定基金(EFSF),因为它的功能不够强大,所以后来被永久性的欧洲稳定机制(ESM)取代了。欧洲金融稳定基金最初是为了应对希腊危机于 2010 年 6 月创立的，它废除了稳定的欧元国家不得为其他欧元国家担保债务的规定，重债国家现在可以通过欧洲金融稳定基金获得总额为 4400 亿欧元的借款，至少能暂时救救急。在极端情况下，希腊的彻底崩溃会带动整个欧元区的崩溃，现在这一切都可以避免了。

这个所谓的"无与伦比"的办法是以打破禁忌为代价换来的，欧元区的富国还是得为穷国担保。欧元公约再一次身价大跌，还不如打印它的那张纸值钱。欧盟现在实施的措施正符合中国等外国债主的要求，却是以联邦总理安格拉·默克尔为首的德国政治家们所反对的。

欧洲稳定机制把相互担保的制度永久固定下来了，它的财力能够起到安抚金融市场的作用，使负债国家有机会得到优惠的贷款。依照理想化的思路，有了欧洲稳定机制的担保，国际贷款会更优惠，危机国家藉此可以自行恢复，而不需要真向欧洲稳定机制请求资金援助，上面说过了，这只是一个乐观的设想。如果危机国家真的伸手要钱，政治家们想出了种种刁难它们的条件和义务，尽可能抬高限制门槛。这个办法至少比美国的办法稍微强一点，因为改革已被提上议事日程。

要让欧元区将来再度崛起，改革是必不可少的。单有保护伞是不够的，它顶多只能赢得一些时间。为前途计，欧洲必须明确限制私人和国家的债务，缓解内部的贸易不平衡，至少在中期期限内缩短各成员国的经济差距。可私人债务封顶是个艰巨的任务，毕竟不能规定商业银行在某个行业中最多只能发放多少贷款，也不能规定企业和个人最多只能得到多少钱的借款，以及拿这些钱派什么用场。

方方面面的改革建议开始汇拢了：银行要有更严格的游戏规则，加大贷款的难度，比如增加银行用于应付紧急情况的准备金，另外还要让银行相互担保，这样的话，一旦一个银行陷入困境，就不必依靠国家出手相救了。同时，国家债务要得到控制，要通过欧洲财政公约约束财政纪律，所有签字国都要以德国为榜样实施债务刹车制度。至于如何减少旧债，现有的建议是成立偿债基金或发行德国最痛恨的欧元债券。此外还要推动国有企业私有化，售卖所得又是一笔可观的资金。

现在谁也不知道，这些游戏规则什么时候以及怎么样才能获得通过。即便获得通过了，众所周知，纸张是最有耐心的，马斯特里赫特条约和当时签定的稳定公约就是很好的例子。美国早在1917年就规定了债务上限，但是没起到多大作用，不论什么时候政府没钱用了，只要提高上限就行了。

就是在欧洲，也有很多政治家倾向于推迟偿债，他们的理由是：人不能为了节约把自己勒坏了，正如美国一样，欧洲也面临着通货紧缩的危险，如果国家和个人太节约了，也就是说消费太少了，企业就什么也卖不出去了，在企业破产之前，它会先降低产品价格和职员工资，于是民众买得起的东西越来越少，物价越跌越低，同时经济实力也会下降，因为税收减少了，旧债的负担会越来越重。

这个恶性循环迟早会引爆欧元区，所以法国总统弗朗索瓦·奥朗德等政治家目前不但不想节约，还想继续借债刺激经济。他们是这样考虑的：需求增加以后，疲软的国民经济就会渐渐加快运转速度，经济增长能缓解将来偿债的压力。这条路线的隐患是：国家开支增加后，自然会首先增加国家债务，从而使欧元区的根本问题更加恶化，而且很难说这对经济增长是不是真能起到积极作用。美国的事例证明，就是增加了国家开支，经济还是迟迟不能复苏。

今天的欧洲正站在十字路口，进退两难。如果欧洲抓紧解决债务问题，那么从长远来看，它还有机会获得稳定持久的增长，但前提是欧元区不能被通货紧缩撼动。但是如果欧洲大陆仍然寄希望于新债，那问题还能掩盖一阵，如果再像美国一样，误以为危机已经解决，就放弃了必要的改革，那么要不了几年，更凶猛的危机就会再次席卷欧洲。

目前看来好像是后者占了上风。为了不至于走到覆巢之下无完卵的地步，谨慎起见，欧洲人还是宁可相信美国的"多借债多增长"政策，欧洲央行就支持这个办法，它加紧印钱，然后收购受到危机冲击的国家的国债，使这些国家不至于被利率压得喘不过气来，这股钱潮足以引发通货膨胀和欧元贬值。欧洲政坛不但不打算对此加以阻止，相反还觉得正中下怀，欧元贬值能促进欧洲的出口，通货膨胀能降低国家债务的价值。不负责任的货币政策也缓解了压力，不必再急着进行可能引发阵痛的根本改革了。

对于欧洲民众和主导货币候选者欧元来说，这不是好消息。欧元成为美元真正竞争对手的希望非常渺茫了。欧洲只有暂时收敛其以国家债务和疲软货币保障增长的政策，控制债务，克服当前的经济危机，并在中期期限内缩减成员国之间巨大的不平衡，才能使欧元在国际上获得机会，只有这样，欧元才能与贬值的美元一较高下，那些过去把自己的货币盯住美元的新崛起的国家才能对欧元感兴趣。在政策发生根本转变之前，欧元争夺世界货币宝座的竞选资格只能暂时搁置。

几家欢乐几家愁

欧元危机的影响波及全世界，外国再也不相信捉襟见肘的欧洲政府做出的偿债承诺，连一向慷慨的中国人也有所保留了。2010年 10 月，中国还购买了价值 50 亿美元的希腊国债，但它现在变得谨慎了。仅仅一年之后，中国最领先的评级机构大公把希腊的主权信用级别下调至垃圾级，于是中国人就再也不买这种债券了。虽说中国政府需要用欧元制衡美元，但也不能为了支持欧元冒太大的险，它的麻烦已经够大了，因为中国大部分的外汇储备都困在美国国债中，现在无法预见，这些投资最后还能剩下多少，再来这么一个危机四伏的竞选者，中国的金融战略家招架不住了。新一届的中国政府也不想遭人指责，在中国自己辛辛苦苦大搞建设的时候，如果还去欧洲"赌博"，民众一定会不满的。

尽管如此，北京还是从欧洲危机中获益匪浅。中国正在疲软的欧洲大陆上小步探路，先从不怎么发达的边缘地区开始投资。2009年 9 月，中国海外工程有限责任公司（Covec）中标获得柏林到华沙的 A2 高速公路中一个路段的建设项目，这对德国的竞争者是个打击。虽然后来因各种原因中国没能承建该项目，但是这点挫折阻碍不了北京的远大抱负。

他们既然来了，就要留下来。早在 2009 年初，塞尔维亚就与中国签署了战略伙伴关系协定，这为中国带来了超过 10 亿欧元的定单。到 2013 年，中国企业将与塞尔维亚合伙人一起建成贝尔格莱德的第二座多瑙河大桥，总投资仅 1.7 亿欧元，这座大桥是非常急需的,中国人没有经过投标就得到了这个项目。

2012年4月,温家宝与16个东欧国家的国家和政府首脑在波兰会晤,他带来了300个中国经济部门的领导和100亿美元的贷款,这是中国新出台的东欧战略的有力表现。就在两个月前,由长城汽车投资在保加利亚北部巴霍维察建立的中国在欧洲的第一家汽车厂正式投产。同时,中国的柳工机械斥资1亿美元收购了波兰的工程机械企业HSW。

欧洲的紧缩压力给了中国可乘之机。中国的银行发放优惠贷款,供那些财政空虚的政府用来实现经济复苏计划,并结清由中国企业完成的大订单的账款,以前这个模式只在非洲实施,但是现在在疲软的欧元国家中随处可见。而且,中国人还不像欧盟或国际货币基金组织那么讨人嫌,他们不会在发放资金的时候喋喋不休地提醒对方进行结构改革或缩减国家开支。

以贝尔格莱德的多瑙河大桥为例,中国进出口银行为此提供了1.45亿欧元,利率为3%,偿还期限是15年,在这危机时代,没有第二家会提供这样的条件。小小的黑山共和国从中国进出口银行获得4700万美元的贷款,用以购买中国船只。

中国的中远太平洋有限公司是全世界最大的集装箱码头经营商之一,在2008年获得了希腊最大港口比雷埃夫斯水路转运港35年的特许经营权,据希腊人说,中国人打算在以后的几十年中在这个码头投入30亿欧元,将其建设成为中国出口该地区的跳板。"这个地区所有的政府都有远大的计划,就是没钱,"塞尔维亚中央银行行长拉多万·耶拉西奇总结2010年的形势时说,"中国人有钱,而且他们比别的国家更愿意投资,这两年我们注意到了中国人非常强劲的攻势,他们显然想在此地立足。"

相比欧洲在中国的投资,中国在欧洲的投资虽然微不足道,而且我们绝不能说中国在向欧洲渗透,但是这些投资表明中国从欧元危机中获益匪浅,而且在危机期间成了一些欧盟国家最重要的资金提供者,这些国家自然也会对中国的货币很感兴趣。北京在欧洲发放第一笔人民币贷款的日子恐怕已经为时不远了,欧洲人为什么不直接用人民币向中国的企业付款或者购买中国货呢?

中国的结论

2012 年 8 月底,联邦总理安格拉·默克尔率领大半个德国政府赴北京参加中德政府磋商,期间中国人明确表达了对欧洲显著衰落的失望。时任总理的温家宝公开反驳默克尔,当默克尔解释说欧洲的形势已趋稳定时,温家宝答道,他本人"对于欧元是否稳定心里也有担忧,"他敦促欧元区的强国"抓紧完成自己的家庭作业",不要等到"殃及全世界"时再作打算,中国只有在"条件允许"的时候才会继续投资欧洲国债。还没有一位中国总理公开用这种口吻说过话。

同时温家宝还强调了超国家机构的重要性。中国虽然愿意继续帮助欧盟,但还要再等等,主要是看希腊是否留在欧元区内,以及意大利和西班牙最后是不是会全部躲到保护伞下。欧洲人应该怎么做,温家宝对此也有明确的设想:重建信心,在财政紧缩和经济刺激之间找到平衡,总之,欧盟不能因为紧缩拖垮了经济。在这一点上中国人的看法与美国和法国更相近,与德国就有些距离了。温家宝的表态不仅仅表现了正在崛起的世界大国的自信,而且也流露出北京是多么无奈,因为中国需要欧洲,不仅仅是把欧洲当作销售市场,而且中国政府把欧元看成是制衡美元的重要力量。

默克尔访华后过了几个星期,央行行长周小川比温家宝总理又往前走了一步,提出了具体的改革建议,旨在对通行于美欧的整个国债体系进行根本改造。在科隆举行的第一届中国金融市场论坛上,周小川让颇具影响力的中国经济刊物财新传媒总编辑胡舒立介绍了他的金融政策新构想。

他描述了中国感兴趣的欧洲国债应该是什么样的:只要享受了国家的福利,就该分担国家的风险,按照这条西方人久已遗忘的原则,私人投资者应该承担起购买本国国债的义务,这样危机国家的人就能明白本国政府的债务政策会带来哪些风险。周小川认为,如果民众也成了国家的债主,那就不难说服他们认可节约路线的必要性,这样国债对国际投资者也会产生更大的吸引力,因为风险被分摊了。但是如果国内的存款不够购买国家的债券,那该怎么办呢?对此周小川也有答案:私人企业,甚至私人家庭都可以从国外借钱,并向国外的出资者提供抵押担保。

中国的央行行长指责道,迄今为止,国债连偿还本金的保证都没有,更别提付不出利息时有什么强制措施了,所以他要求提升债主的话语权。他的意见是值得重视的,因为要不了几年,中国很可能就会有那个实力,在国际谈判中实现这些构想。

特别引人注意的是:周小川模式不仅增加了国内私人投资者的义务,也加强了他们的权力。作为对风险的补偿,投资者可以参与决定国家发行多少新债,经投资者的代表在某种监督机构中同意后才能实施。这样国内的债主为了自己的利益也要想办法让政治家们理智行事,稍有差池,他们的小钱包里立刻就会有所反映。

周小川的设想中显然融入了美国国债留给中国人的不良体验，美国的债务政策使这些国债正在慢慢失去它们的价值。

此外，这位央行行长的计划还将国际货币基金组织和世界银行这样的国际组织指定为贷款债权人，它们也该在来往交流中加强自己的影响力。这份计划是试图从两个方向引入监督机制，以便对美欧政府滥用的年久失修的国债模式进行监督，它暗示国际组织作为监管当局不能只代表个别国家的利益，就像 1990 年代的国际货币基金组织，而必须着眼于全球的共同利益。如果真能做到这一点，那可真是令人瞩目的进步。周小川强调，在这样的条件下，那些获得贸易盈余的国家就可以立即投资国债，而不必担心对方能否偿还，或者国债会不会悄然贬值。

周小川的解决方案显示了中国参与讨论国际金融问题的新水准，这是我们西方人必须习惯的。而中国财新传媒总编辑胡舒立在评论周小川的长篇大论时所表现的自信也是非常引人注目的，这位女士曾经进入《时代》周刊评选的 2011 年全球最具影响力人物400 强的名单。"中国更多地参与关于全球金融体系游戏规则的国际大辩论，"她说，"我认为这非常重要。"这反映了中国国际影响力的上升，也说明中国比以前更坦诚了。"我们可以共同开发新的机制，"胡舒立说，"使我们的金融体系更稳定、更务实、更高效。中国将渐渐从一个学徒成长为一个有行动能力的参与者。"

温家宝对默克尔总理说得更清楚："我们很重视欧元，但我们也很高兴人民币的地位在上升。"

第 7 部分

未来的国际货币体系

美元和欧元中了病毒,病毒肆虐之下,货币越来越虚弱,各国当政者面对高额的国家债务束手无策。

全世界的人都很担忧,而且这种担忧不是多余的。现在备选的货币有哪些比较可靠呢?黄金还是国际货币基金组织的人造货币?这些选择难道不比人民币强?

不论怎么说,形势是非常严峻的。据国际货币基金组织估计,2012 年美国的国家债务达 16.8 万亿美元, 是国内生产总值的107%,而欧元区国家债务的绝对数值大约是美国债务的一半,2012年下半年 17 个欧元国家欠债率达其国内生产总值的 90%。

抵抗债务病毒的唯一有效药物是一种代价高昂的抗生素:通货膨胀。节约不是办法,只有通货膨胀才能带来一线希望,也许高筑的债台有朝一日会因此低矮下去。

另外还有两条削减债务的途径:一是国家破产,债务彻底了断,也就是债主必须彻底放弃索债;二是几十年如一日坚持还债,直至偿清为止,从政治角度看,这两条都不可行。至少在欧洲最多只能想象局部的债务截断，如果真是这样的话，首先受到打击的就是德国人，如果他们一直以为很安全的联邦债券突然失去了价值，或者息金没有了，他们是不会原谅当局的。通货膨胀上升一二个百分点不会引起民众注意，但也不足以解决问题，可通货膨胀如果上升太多了，又很容易失去控制，同样会引起民众不满，影响政治稳定。换句话说，现在已经找不到一条简单而又无痛的出路了。

防止通货膨胀加剧本是中央银行的职责，但是美联储和欧洲央行现在忙于应付别的问题，它们临危受命，正在用大量的廉价钱稳定经济，除此之外还承担着别的使命。除了控制通货膨胀，美联储的第二大职责是保障充分就业，而要降低美国的高失业率，又必须把大量的新钱注入企业，使企业能够加大投资多雇人手；而欧洲中央银行作为欧元消防队正在忙着扑灭重债欧元国家的大面积财政火灾，因为这些国家很难从自由市场筹措资金，即便筹到资金利率也极高。

人人都知道，全世界最重要的两个中央银行为了刺激经济像下雨一样大把撒钱，这将导致通货膨胀，但不论是美联储的就业推手还是欧洲央行的欧元救兵，都认为自己别无选择。

遗憾的是，以资金注入和通货膨胀为兴奋剂刺激经济发展，长此以往必然也会导致不良后果，蒙受损失的不仅仅是储户和雇员，而是全欧美所有的公民。因为保持稳定的低水平通货膨胀是经济持续增长的重要前提，如果通货膨胀加剧，势必像病毒一样感染增长，而且第三国也会受到冲击，因为欧元和美元毕竟是世界货币，大量新钱充斥的不仅仅是国内市场，也会流入别的国家寻找投资机会，导致当地物价上涨，这是培植投机泡沫的理想温床。

2013 年的世界就是这样的形势，廉价钱泛滥成灾。美联储和欧洲央行首先关心的是自己的国家,国际责任只能排到第二位,天下没人能奈何得了它们。国际货币基金组织不够强大,不能制止各国政府把世界当成垃圾场,随意倾倒它们处理国内问题产生的废料。

货币决策者们必须面对的现实是:他们那没有节制的政策也伤害了自己的货币。相比那些治理有方的货币,他们自己的货币正在失去价值。欧元和美元的贬值正是中央银行和政治家们的利益所在,这样能降低本国产品价格,增加国际销量,"改善"国际贸易差额状况,但是目光短浅的政治家们正在侵蚀欧元和美元的世界货币地位。难道国际投资者愿意持有一种正在贬值的货币?这绝不是没有根据的空想,美元和欧元的吸引力已经大大不如五年前了,它们之所以没有败落到更糟糕的境地,仅仅是因为备选的货币还不具备足够的魅力。

黄金——货币之母

纸币发明于中国的宋朝(公元 960 年至 1279 年),此后一直饱受信任问题的困扰。纸钱有时还没有印它的那张纸值钱,因为发行人至今无法抵制诱惑,常常超量印制。这时候人们就会想念某种实实在在的东西,那往往就是:黄金。

由于美国和欧洲不走通货膨胀的道路就解决不了经济危机,所以旧时的不信任又卷土重来了,失去安全感的民众宁可多多购置房地产和黄金。美联储的经常账户可以说明这样的担忧不是毫无道理的:尽管币值稳定是中央银行的最高目标之一,但是自从美联储 1913 年创立以来,美元失去的价值已经超过 95%。黄金价格的波动体现了民众的不信任，如果有人在 2002 年 1 月 2 日以 111520 美元的价格买了一根金条，那么仅仅十年之后，这根金条就能值 629080 美元了，在这段时间里金价上涨了 464%。

这样强劲的升势绝不可等闲视之。在过去的几十年中金价几度沉浮，几乎完全是由需求的变化引起的，因为黄金开采量基本上没变。

不论何时，只要通货膨胀引起了大恐慌，金价必涨。20 世纪七十年代初布雷顿森林体系瓦解时，金价就曾一路飙升，1971 年是每金衡盎司 41.25 美元，三年后上升到 159.74 美元。七十年代后期，由于受到石油价格的冲击，欧美经历了一段高通胀低增长的时期，于是黄金大受推崇，1980 年金价登上高峰，达 612.56 美元，此后又骤然跌落。

当罗纳德·里根当选为美国总统，保罗·沃尔克担任美联储主席之后，此二人在美国开创了低通货膨胀和经济稳定增长的时代。沃尔克支持的是稳定的货币政策，减少货币供应量，1981 年他将利率提升到 20%。随着通货膨胀从 1980 年的 12% 下降到 1985 年的 1%，金价也下降了一半，差不多是 317.66 美元。直至 2000 年代初，金价像睡美人一样沉睡不醒，大都保持在 300 到 400 美元之间。20 世纪八十年代的低水平通货膨胀和 20 世纪九十年代互联网的蓬勃发展使得股市出人意料地繁荣兴旺起来，取代了老式的黄金消费潮。

大部分黄金都沉睡在各中央银行的保险库里，而这些中央银行又助长了"黄金大萧条"。在原先的布雷顿森林体系中，黄金和美元一起充当外汇储备，体系瓦解后，不必再用黄金来保障货币价值，所以有些中央银行就决定出售一部分黄金储备，在 20 世纪八十年代和 20 世纪九十年代，共有 6000 吨黄金被抛向市场。在英国财政大臣即后来的英国首相戈登·布朗的主持下，1999 年仅英格兰银行就出售了 400 吨黄金，平均价每盎司仅 270 美元，事后证明那不是明智的买卖，所以外汇商开玩笑说，"布朗反向指标"比那些图表分析灵验多了。但是在 1999 年，布朗并非独行侠，当时流行抛售黄金，所以这一年还没结束，15 个最重要的中央银行就开始自我约束，以后每年摇身变钱的黄金不得超过 400 吨，以防金价进一步崩塌。

仅仅十年之后，形势又发生了巨变，中央银行不但不再高价抛售，反而又开始大量收购黄金了，因为像所有人一样，各国中央银行也看到了美元和欧元的疲软。2012 年上半年，仅中国人就收购了 383 吨黄金，按官方报道，他们现在拥有 1000 吨黄金，黄金储备居世界第六位，但是据专家估计，中国实际的黄金储备是这个数字的两倍。

这股复兴潮流会不会导致金本位制复辟，有这样疑问的不仅仅是黄金粉丝，毕竟 100 年前金本位制曾经畅行无阻。由于黄金供应非常有限，所以金本位制能轻松而且干脆地解决通货膨胀的问题。货币供应量只能与黄金供应量成比例增长，这样就不会损害货币的信用了。

最大的优势同时也是最大的劣势，正如前面已经暗示的，反对重新实行金本位制的最有力的依据也在于此：缺乏灵活性。在金本位制下，中央银行的施展空间非常有限，它只能买卖黄金并发行相应数量的由黄金保值的美元、欧元或法郎，真正意义上的货币政策无从谈起。没有人会自愿削弱自己的权力，所以也难怪像美联储主席本·伯南克那样的中央银行家会成为金本位制最激烈的反对者。

　　银行家们这样的立场得到了政治家们的支持。用黄金浇铸现今的财富分配格局,对他们没什么好处,毕竟这些国家已经背负 50 万亿美元的惊人债务,国民经济学家估计发达工业国家 2011 年的债务就达到了这个水平,要是以黄金为基础固定了货币的价值,就很难摆脱这笔巨债了,但使用可以通货膨胀的纸币,毋须厉行节约,债务自然会慢慢消融。"要民主政府预留预算储备比要一条狗储存香肠还难。"奥地利经济学家约瑟夫·阿洛伊斯·熊彼特曾经如是说。

　　重新实行金本位制将遭遇难以克服的政治阻力,中央银行家们和政治家们的权力将大大受损。此外,坐在货币最高宝座上的美国人将不惜一切代价防止黄金时代卷土重来,他们宁可继续享受他们的特权,用美元在全世界都能购物,而不必使用硬通货黄金;欧洲人也一样,他们还指望欧元有朝一日能够博得和美元一样重要的地位;而中国人眼下正忙着将他们自己的货币打造成参赛选手。

特别提款权——国际货币基金组织的货币

　　中央银行首先得对自己的货币区负责,将其利益置于首位。自从布雷顿森林谈判以后,一个国家的货币被用作世界主导货币而产生的不良后果昭然若揭。当时英国的谈判代表凯恩斯勋爵曾经推出一种名为"班科"的国际记账单位,它不是由某一国的中央银行发行的,而由超国家的组织发行和监督,并可以以固定汇率兑换成其他货币。班科可以解决第三章中提到的特里芬难题。经济学家罗伯特·特里芬曾经指出,由于世界各国都要以美国国债的形式保存美元储备,所以美国的债务会越来越重,最后美国的重债终于导致以黄金计价的美元体系彻底崩溃。

从这个意义上说,如果一个国际组织受命创立一种独立的世界货币,那将是个很大的进步。这个提议并不新鲜,但很难付诸实施。在布雷顿森林会议的准备阶段,英国经济学家约翰·梅纳德·凯恩斯和恩斯特·弗里德里希·舒马赫设计了一种货币,并将其命名为"班科",这种货币由将要成立的国际清算同盟(ICU)进行管理。如果班科付诸使用了,布雷顿森林体系就不会在 20 世纪七十年代陷于崩溃。作为贸易和储备货币,这种人造货币可以无限量印制,这样可以缓解一个国家的压力,它再也不用为了满足别国货币储备的需求而向全世界倾销其国债了。但凯恩斯是个英国人,在谈判中处于劣势,争不过美国人,所以最后美元成了货币锚。

但是在 1969 年国际货币基金组织还是创建了一种类似"班科"的东西,这就是所谓的"特别提款权"。它类似于国际货币,作为储备资产存在于各国中央银行的账户上,并且可以兑换,比如从美联储换来美元,从欧洲央行换来欧元,兑换交易由各方自愿进行,或按照国际货币基金组织的指令进行。特别提款权的汇率不是自由的,而是从一篮子货币中推算出来的,这个货币篮子由美元、欧元、日元和英镑组成,国际货币基金组织每五年复审一次篮子的组成成分,可以考虑的只有那些在世界上获得重要地位的贸易货币或储备货币。北京曾力求让人民币在 2011 年 1 月 1 日被选入货币篮子,虽然这次没成功,但到 2016 年下次选举的时候,人民币将会满足所有的前提条件。

特别提款权早就失去了预设的功能,它本该维护布雷顿森林体系的固定汇率制。如果一个国家美元耗尽了,它可以用特别提款权换取新的美元,并要向对方支付利息。

特别提款权刚创立不久,布雷顿森林体系就瓦解了,但是特别提款权在 1970 年到 1972 年间第一次发行之后,1979 到 1981 年间以及 2009 到 2011 年间又发行了两次, 每次都是因为美元一时疲软,成员国渴望别的储备货币。各国分到的特别提款权数量始终取决于该国在国际货币基金组织中的分量。

但是在现今各国中央银行的资产负债表中, 特别提款权不过是用来填补空缺的。在 2011 年春天,特别提款权在全世界货币储备中所占的比例不足 4%,固执的中央银行都各行其道,宁可自己掌控美元或欧元,也不愿为特别提款权开口求人,因为特别提款权并不是真正的钱,不能直接用来购物,而要先兑换成各国货币,那还不如直接储备各国货币,那样方便得多。此外,特别提款权也没有交易市场, 兑换的时候总是要先和对方中央银行或国际货币基金组织商量,很多中央银行家嫌太麻烦,而美元储备或欧元储备随时都能动用,而且还能投资国债,获得利息回报。

所以特别提款权像睡美人一样沉睡了几十年,2008 年却有了转机。当时出现了有利的权谋格局,为了削弱资深的发达国家,一个国家以其正在崛起的货币为特别提款权撑腰。在金融市场危机期间,中国人突然要求终结以美元为基础的货币体系,并加强特别提款权的地位,此举轰动一时。时任中国人民银行行长的周小川呼吁国际货币基金组织将特别提款权建成国际储备货币。

世界颇有反响,俄罗斯和法国支持这个提议,因为削弱美元对它们也有利,甚至连德国人也敢谩骂美国了。国际货币基金组织当然很高兴地接受了这个意见,如果可行,组织的高管在世界上的影响力将大大加强。在一篇题为《改善国际货币稳定状况——特别提款权的使命》的文章中，国际货币基金组织描述了如何创建一个特别提款权的债券市场，这是真正成为世界货币的先决条件。

国际货币基金组织的报告将世界银行和各地的开发银行指定为特别提款权债券的发行机构，国家基金或世界级的大型康采恩可以持有这些债券。国际货币基金组织直言不讳地指出，"这种有价证券"将会成为"世界货币的雏形"。这样，国际货币基金组织可以逐步发展成全世界的中央银行，当年的凯恩斯计划还是有可能付诸实施的。

特别提款权作为世界货币绝非尽善尽美，它的价值还是得从其他货币的币值中推算出来，如果货币篮子中有一种货币发生通货膨胀，那么特别提款权也会受到冲击，要么篮子里所有的成员展开通货膨胀竞赛，要么其余成员将始作俑者绳之以法，这取决于国际货币基金组织是否管理有方。但是世界货币所要求的币值稳定和成熟的债券市场，特别提款权很有希望实现，而且它的后盾不是某一个强大的国民经济，而是整个世界经济，因为按照规定，特别提款权可以在全世界范围内用于购物，而且不会发生像欧元和美元那样的债务危机。

现在还无法预见，中国人会继续推进他们的提议，还是决定专心致志地营建自己的货币，也许他们会双管齐下。要是美元的地位继续下降，那么极有可能有朝一日连美国人也会支持特别提款权。如果真有这么一天，那还少不了一个有利的历史条件：人民币必须始终疲软，中国人才能对特别提款权感兴趣，至少是暂时的兴趣。如果人民币已经大有希望了，北京就会大声疾呼：我们为什么需要特别提款权或"班科"或其他不管叫什么名字的人造货币来做世界货币呢？我们已经有新的世界货币了：人民币。

中国的机遇——从经济繁荣到世界货币

黄金有很大缺陷，而且没有活动团为它拉选票；特别提款权的支持力量过度依赖国际货币基金组织的地位，权力分配不太可能出现对此有利的格局；人民币却很有希望成为世界货币，虽然一眼看去这种趋势还不是很明显。为了能把人民币选手派上赛场，去和美元一比高低，中国已经攻克了一个又一个关口，条件越来越成熟了。

从经济上看，中国早就赶上来了。从 2010 年以后，这个国家的国内生产总值就位列世界第二，超过了宿敌日本，而且超过了欧洲第一经济大国德国。据国际货币基金组织估计，2012 年美国的国内生产总值为 15.65 万亿美元，大约是中国 8.25 万亿美元的两倍，但是中国以其 7% 到 10% 的增长率，在今后十年内赶超美国应该不是难事。

很多人认为中国通报的国内生产总值简直骇人听闻，令人难以置信，但是一个组织良好的国家，人口数量是美国的四倍，早晚能接替美国成为世界第一经济大国，这并不出人意料。即便到了那个时候，中国还会有很大的发展空间，因为那时中国的人均收入还是只有美国的四分之一。这样看来，中国能够上升为世界经济大国也没什么奇怪，在一个全球化的世界上，生活条件为什么就不能渐渐均匀起来呢？

英镑和美元的历史告诉我们，决定世界货币地位的因素并不仅仅是一个国家的经济规模，美国在美元崛起之前早就是世界头号经济大国了，但当时它与世界经济并没有非常紧密的联系，而对外联系却是世界货币成功的重要指标。在第一次世界大战之前，英国在这方面还领先美国几分，而今天美国几乎已经把这个地位让给中国了。出口方面中国已经走在前面，2011年中国的出口额是1.9万亿美元，第三次蝉联世界出口冠军，进口方面中国也在迎头赶上，2011年的进口额是1.74万亿美元，只比美国少5300亿美元。2011年美国的贸易额还是略高于中国，但最迟到2013年，中国极有可能完成跳跃成为世界第一贸易大国。

中国要想使其国民经济的整体规模也能在不久以后超过美国，其前提当然是要保持高增长率。

其实中国的起点是非常有利的。经验表明，经济上处于赶超阶段的国家可以一直保持快速增长，直至达到技术极限。换句话说，理论上看中国的增长速度可以长期超过美国，直至其技术水准在一定程度上与美国持平，前提是中国的生态环境能够承受，比如说水资源不会提前枯竭。日本，一个1亿2千万人口的民族，就曾经经历过这样的发展阶段，但是到了八十年代末，几乎人人都拥有了一切，经济增长就开始下滑了。一个国家的工业化程度越来越高，就很难再依靠技术转让，必须通过自己的革新实现增长。

一个国家离技术极限还有多远，可以从其国民的生产能力中看得出来，而生产能力又反映在人均收入和人均国民生产总值中。简而言之，中国还有多少增长和发展的空间，只要看看中国人的低工资就知道了。此外，相比日本、韩国，甚至美国，这个国家还有一个很大的优势：一个巨大的国内市场，外国人对此很感兴趣，中国人可以用国内的市场份额交换别国的技术。

技术转让并不能代表一切，决定国民经济兴衰成败最重要的因素是政策是否明智，以及国际经济形势是否有利，近年来，以出口为支柱的中国发展奇迹遭遇黑云压城，问题就出在这儿。一如之前的日本和亚洲小虎，中国经济的崛起也得益于西方市场，但是西方发生危机之后，市场坍塌了，对于改革中的中国是个很大的打击，西方买得少了，中国人怎么还能提高产量呢？而且在邻近地区也突然出现廉价产品的竞争者，比如越南和孟加拉国，因为这些国家很小，所以竞争很有限，但毕竟也是竞争。

有一个既简单又彻底的办法可以解决这个难题，而且不论是中国领导人还是全世界的经济学家都支持这个办法：中国必须倚重内需，减少对出口的依赖。既然西方人不想再买中国产品了，那就得让中国人自己买。这话说说容易，做起来很难。中国人的节俭是出了名的，他们必须先学会多花钱，少存银行。

为此这个国家需要完善社会保障体系。美国是个例外，社会保障体系虽然并不出色，却还是几十年如一日保持高消费。而在中国，至少还要经过一代人，甚至是两代人的努力适应，中国人才能渐渐习惯减少储蓄，在生病和衰老的时候依靠国家扶持。同时中国的政治家们必须当心，改革过犹不及，过度泛滥的国家福利铁定会加重中国的国家债务，并使增长收缩。必须承认，眼下还没到这一步，而且中国可以从欧洲的前车之鉴中吸取教训，国家福利不可推行过头。

还有一个问题很难解决。中国人增加消费，减少储蓄，同时也会减少用于投资的资本，因为银行存款减少了，而同时企业可以增加销量，增加收入。但是，这两种趋势彼此之间如何互动呢？百姓消费增加，储蓄就减少，甚至还可能负债，于是银行就没那么多钱借给企业了，这能通过高消费创造的收益获得平衡吗？还是会出现贷款紧张？一直以来大受支持的国有企业很可能从高消费产生的收益中一无所获，如果优惠贷款源流枯竭，一部分国有企业很快就会陷入资金困境，因此发生社会动乱的可能性也不是没有。很难说究竟哪条道路更正确，各种发展方向盘根错节，极其复杂，前景很难预料，而且中国特色的问题在世界上找不到先例。

为了维持较高水准的投资规模，中国政府有多种选择：如前所述，可以刺激消费，缺点是没有成功的把握；可以减少对外投资，缺点是得把重要的国际市场拱手让人，从而错过增长的良机；可以加大力度吸引外资，缺点是中国可能对外资产生依赖，就像现在美国依赖中国。

目前中国有很大一部分国内生产总值用于对外投资，其责任首先在于中国的货币政策。现在中国积攒了大量的美元，远远多于支持与美元挂钩的货币所必需的数量，美元库存用于订购石油、天然气，或投资西方企业，但其中大部分困陷于美国国债，在为美国的债务做贡献。如果人民币汇率是自由的，它就会升值，就可以结束这没完没了的债务纠缠。

这样的话，也不会再收入那么多的美元。为了吸引更多的外资，中国必须开放金融市场，因为对于股票、债券及其他金融产品的投资者来说，中国市场还是相当封闭的。

中国政府多方努力，力求把风险降到最低。一方面，人民币汇率波动幅度增大，对美元缓慢升值，但是北京不会把汇率完全放开，它太怕失去控制了，如果汇率上升过快，中国产品在世界市场上就会骤然涨价，那等于是给本已困顿的出口经济雪上加霜，那就太危险了；另一方面，中国人通过在国外组织新股上市以及营建香港的债券市场筹集外国资本，同时坚持不懈而又小心谨慎地刺激内需。

建设现代金融市场以实现经济繁荣和货币理想

四面出击固然很难取得平衡，但是卓有成效。提醒一下，世界货币必须满足两个基本前提：其一，它必须可以自由交易，外国人可以轻而易举地占有它，并在与第三国贸易时使用它；其二，它必须有一个强大而活跃的金融市场做后盾，其利率和产品足以吸引外国人。

这是新政府面临的巨大挑战，前途任重而道远，但是已经初见成效：政府发布了一系列新的法律法规和特殊政策，将人民币提升为贸易货币。比如说，一个德国器械商在中国出售一个生产用的机械手，根据新法规，他可以直接接受中方的人民币付款。

然后这个器械商当然可以立即在中国花掉这笔钱，比如他可以购买机械制造所需的电缆和螺丝，但他也可以先把钱"存起来"。在这样一个欧元汇率下降、人民币汇率上升的时代这也不失为一种理想的理财方式。不光是国家，企业和私人也可以把人民币当作储备货币，如果还有利息收益，甚至是有国际竞争力的利息收益，那就更理想了。但是迄今为止，外国人对中国有价证券和金融产品的投资一直受到很大限制，而且只能在香港投资，香港也向外国的中央银行提供中国的人民币债券，但也只是限量供应，处事十分谨慎。

中国人小心翼翼、循序渐进，而又坚持不懈地推进人民币的国际化。政府碰上了难题，现在还不知该如何解决：一方面欧元危机和美国的房地产危机在催促人民币加快国际化的步伐；另一方面，西方的危机又告诉中国人，金融市场缺乏监管会导致什么样的严重后果。中国政府会偏向哪一边，这是一个政治问题，新政府的意见亟待统一。

一直以来，中国大陆的金融市场深沟高垒，与世隔绝，甚至与香港金融中心也各自为政，近期内恐怕不会出现开放和现代化改革的大动作，这是很明显的。尽管改革能够提升中国的投资水平，并使人民币在国外更有吸引力，但是现在看来，中国很可能还是继续推行小步政策。中国人对亚洲危机印象太深刻了，自由的金融市场加上固定汇率瞬间就能摧垮小虎国家的经济。

将来的小步政策将会如何进展，现在只能推测，但这也并非是没有根据的瞎猜。我们认为，中国确实想要吸引外国的金融资本，所以一直以来严格限制金融资本进出的资本流动监管制度会渐渐有所松动。如果要放松监管，首先要允许银行自行确定利率。现在国家把利率压得很低，股市和房地产市场虽然能够提供较高的收益，但那是高风险的投机买卖。如果国家一开始就允许中国储户将钱运出国境，那么鉴于国内的低利率，很多人都会利用这个机会抽走资本，最坏的情况下，逃离这个国家的资本会多于从外国流入的资本，这对中国绝无好处。所以政府的信条是：先现代化，然后再开放。等中国的银行能像西方银行一样灵活机变的时候，再让它们去参与竞争，但问题是，中国的银行只有在感觉到了竞争压力以后，才能产生改革的动力，仅凭国家的指令很难成事。

不管采用什么样的办法，中国反正都得建起一个像样的债券市场。迄今为止国债利率一直被政府压得很低，这样国家可以在优惠的条件下筹集资金。银行持有 80% 以上的低息国债,这是政策使然。银行把国债一直保存到期满,一般不会转售,因为自由市场上的买主不会接受这么低的收益率,如果他们要买的话,出价一定低于国家规定的价格,也就低于银行最初的买价,这样的话,银行势必蒙受损失。这样是无法发展市场的,中国的国债就像过了期的面包,其实无人要买。

如果利率自由了,市场就能解决这个问题,并能提升中国的国际竞争力。在现代金融体系中,国债作为方向标,地位举足轻重,一般认为国债相对保险,所以它的利率是债券市场利率的下限,在企业发行债券的时候,买主会要求企业债券以国债利率为最低利率,还要加上风险溢价。对于人民币国际化来说,国债的作用也是极其重要的,因为它是最重要的外汇储备形式。债券市场必须足够大,使得个别的买卖无法撼动市场,这样才能有效运作。美国的国债市场是全世界最大的金融市场, 中国的国债市场只有接近于这个规模,人民币才能高居美元之上。

如果要提升人民币的地位,股市改革是绕不过去的。在工业国家,股票行情的上涨,也就是企业价值的上涨,就是股市对好企业的回报。经营不善的企业遭遇正相反,它的价值会不断下跌,直至最后被效益良好的竞争对手廉价收购。而在中国不是这样,中国的国有大型企业只向交易所提供其所有权的一小部分, 其余大部分所有权掌握在国家机构和其他国有企业手中,也就是说,其实它并没有真正加入市场游戏,这样是可以避免惊慌,但也没有了惊喜。外国投资者对这样的股票交易条件是不感兴趣的。

资本产生效益

综上所述,改革的核心是三种措施:逐步放开贷款利率,逐步放开国债利率和企业债券利率,以及股市市场化。即便对于中国,这也是划时代的改革。

以加入世贸组织为契机,在现代货币政策的推动下,中国经济进入第二个腾飞阶段。像以前一样,改革的重心继续由国有经济向私有经济转移。不论是通过银行贷款还是通过股市,中小型企业筹集资金的渠道都将得到改善。小型企业有望在交易所做大做强,只要投资者信任其经营模式。

利率业务将发生巨变,银行和其他金融服务机构更愿意把款贷给那些支付利率最高、提供亏损抵押最多的企业。一般说来,私营企业的效益要胜过大型国有企业,所以将会有更多的资金流入私营企业。

但这是很久以后的远景了。事实上国有企业是一个很特别的话题。从根本上说,国有企业就是中国式的社会保险机构,它提供就业岗位,这比是否有效益更重要。

经过多年的改革,现在的国有企业也有多种形式。

一些人担心自由利率会使企业失去控制,并进而对社会稳定构成威胁,其实这事没有这么危险。完全可以专门设立一个银行继续向国营企业发放贷款,也可以说是发放补助,这种现象即便在发达的工业国家也很常见。德国铁路公司就是这样一个国有企业,尽管已经有了市场经济所提供的贷款,但每年还能获得几十亿的国家资助。此外,从市场化银行业的角度看来,由于庞大的规模和四通八达的关系网,大型国有企业自有其安全稳靠的优势,遇到困难可以得到国家的救助,或者在发生危机时至少可以抵押一部分资产,所以银行很愿意向这样的国营大企业发放贷款。

获得贷款也许是容易了,但如果没有国家的支持,国有企业贷款数额将会增加。有些企业肯定会破产,避免破产浪潮的一个办法是让国有企业在交易所挂牌上市,只要经营模式值得信赖,哪怕是半死不活的国有企业,也能筹集到私人资本,在开放的金融市场上甚至还能筹到外资,如果情况理想的话,大投资者可以直接提供现代化改革所必需的新技术。

这里只是简单了解一下中国在尝试推进人民币的开放和国际化时出现的错综复杂而又纠结难缠的局面。希望很大,风险也很大,后者是显而易见的:中国会更加依赖外国。大家都知道某些外国投资者是如何行事的,他们可能突然抛售自己的股份,摧垮整个行业,或者将企业大卸八块,出卖精华,而将剩余的糟粕留给国家去处理。中国政治家中那些谨慎之人对企业债券情有独钟,因为它不像股票,不管外国投资者买进多少,终归得不到企业的所有权,企业始终在政府或国家的掌控之中。

不论中国选择哪条道路,有一点现在就可以肯定:人民币升级为世界货币之后,中国的资本分配格局将大为改观,这个国家私有化的速度将超过过去的二十年。

金融市场改革

简单了解了金融市场改革的利弊,就能明白:虽然代价很高,但为了维持高增长,谨慎而渐进的改革也许正是符合时代需要的正确道路。一个明显的好处是,私营企业贷款投资更便捷了,资本使用效率提高,更能促进经济增长。同时现代化的股市和债券市场将加大力度吸引外资,开拓发展空间,促进消费。效益不好的企业再也得不到供养,它们必须清理整顿,否则就无钱可用。速度可以商量,但是目标必须明确,有些企业在交易所挂牌上市后可能会起死回生。

坏处也是显而易见的:在过去三十年中大获成功的国家将会进一步失去控制权。外国人更关心的不是这个国家的幸福安康,而是他们自己的切身利益,他们会渐渐扩大自己的影响,大玩自己的游戏,很可能还会与各自的政府勾结策应。无论如何,世界经济的动荡对中国的冲击将比现在严重得多,而世界经济在今后十年中也难免会上演疯狂的闹剧。

风险固然不可小觑,可也必须看到:改革不继续,人民币就成不了世界货币。大货币就是需要开放的国际化的庞大国民经济做后盾,但这并不等于说,中国人就不能为他们的金融市场制定游戏规则,以防范极度膨胀的泡沫和毫无节制的投机,就像 2000 年代在美国发生的情况。

新一届的中国政府一方面意识到正是因为金融市场没有实现自由化,中国才能如此成功;以及,私有化浪潮席卷过后,将出现大量失业者,可能危及国家的稳定。此外,如果政府交出了贷款控制权,经济及其增长将发生更剧烈的动荡;国债利率一旦市场化,不再保持低水平,政府将在一定程度上失去对国家集资活动的控制。

而另一方面,他们清醒地认识到,中国不能再完全依靠出口实现增长,不改革对经济增长更不利,从过去几十年的经验来看,要想获得增长,减少控制是必须付出的代价,而且改革者们还有一个额外的动力:世界货币的权力和威望。

人民币作为世界货币

首先实施一些比较简单的改革措施,渐渐将人民币升级为贸易货币,扩建香港的债券市场,按照温州模式促进私营金融机构的发展。

2013 年春天,新政府接过了今后十年的领导权,位置刚刚坐稳,西方危机就迫使他们加紧行动,深化改革。利率的自由化将促进国有企业的改革,并使境内外资金转运的监管制度有所松动,这样就会有更多的外国人投资中国。

人民币可兑换程度将得到提高,便于外国人持有人民币,然后在中国进行投资。为了防范投机泡沫,一切进展都缓慢而有序。人民币将逐步增加弹性,为了避免过于剧烈的波动,中央银行时不时地会插手干预。

所有这些措施都将为今后几年国际货币体系的多元化做出贡献。人民币首先要超越亚洲最大的竞争对手日元,成为世界第三大贸易和储备货币。人民币将以多快的速度赶上欧元,这并不仅仅取决于中国，还要看欧洲的政治家们到时候能不能纠正欧元区的设计错误，如果情况理想的话，欧盟将在一体化道路上继续前进，加强自己的力量，渡过欧元危机，欧元的地位也会得到巩固，但要达到这样的目标，政治阻力太大了。欧洲各国都把本国利益放在首位，对于欧洲一体化都各打各的算盘，如果欧洲继续内讧，那么人民币将会以出乎我们意料的速度把欧元从世界货币的第二把交椅上挤下去。

欧元之后，中国货币前进道路上的拦路虎就只有美元了。人民币能终结美元的百年统治吗？

即便中国的经济很快就能超过美国，改造金融体系以及熟习金融业务也是需要时间的，而且美元已经成为惯例。如果美国能够遏止巨额的债务，重新回到稳定增长的轨道上来，那么美元的地位还能维持几年。但是这个世界不可能永远依赖美元，到人民币成为世界第一经济大国的国币时，压力就会上升。

如果人民币最终成了主导货币，中国人就能享受迄今为止美国人得到的一切好处。让我们来想象一下人民币的世界，如果中国也像现在的美国一样统治世界：中国人可以在全世界用纸币购买货品和服务，乃至工厂和原材料，纸币的数量由他们独家控制，别人不得干预。中国商人可以省下货币兑换的成本，并且不用承受汇率风险。中国政府可以在国际资本市场上借到利率很低的外债，因为人民币将被公认为亏损风险较小相对稳定的保值手段。

像银行危机这类政治经济打击会使国家债务一下子大幅增加，如果人民币成了主导货币，中国就能轻而易举解决这样的问题。人民币赋予中国资助别国的机会，这个国家藉此可以大大加强自己的外交地位。陷入支付困境的国家有时需要仰仗人民币的注入,以清偿自己的外债,中国人民银行将取代国际货币基金组织或美联储出手相助,受人帮助当然是要付出代价的,这些国家为了感谢快速高效的帮助,将会支持中国在国际上达到其政治目的,"二战"以后,德国就是这样依赖了美国很长时间。

但是主导货币的权力也是一种诱惑,中国也可能经受不住这种诱惑,负债过重,并且过于依赖外国,就像美国在 20 世纪六七十年代约翰逊和尼克松统治时期以及新千年之初布什和奥巴马统治时期发生的情况,他们都欠下了高额外债,托通货膨胀的福,他们只需偿还一部分。如果人民币成了主导货币,中国即便负债累累,别的国家还是会以很低的利率借钱给中国, 就像现在借钱给负债累累的美国,具体发展到什么地步,要看美元和欧元作为人民币之外的备选货币还有多强的实力。

在新的货币世界中,中国人将只能控制人民币的供应,而需求则渐渐取决于外国,所以汇率起伏更大。中国人民银行的工作将会变得更复杂,因为在调控利率和货币供应量的时候,不仅要考虑国内的情况,而且要照顾到全世界的货币需求。

人民币落入外国人之手,对管理水平的挑战是一个问题,政治风险是另一个问题,但是这种风险并不像有人描述的那么夸张。当然,持有大量人民币储备的人可以以突然抛售相威胁,给人民币汇率造成压力。中国目前正在让美国承受这样的风险,从理论上说,中国可以抛售美元储备,引发危机。

只有在别的持有者也按下抛售键的时候,这样的攻势才能奏效。只有当一个国家债台高筑,或通货膨胀肆虐的时候,也就是说,只有当货币遭受信任危机的时候,众多的货币持有者才会一起抛售。

中国人手中还有很大的活动余地，能最大限度降低外国人攻击中国货币的风险，他们从自身的惨痛经历中吸取教训，学会了谨慎从事，又仔细分析了西方的过失，他们可能会用简单而严格的规范约束市场化的金融体系，为国际金融新秩序树立榜样。就像在一个大家庭中，最年幼的孩子特别精明，因为有了哥哥姐姐的前车之鉴，他知道什么事情是做不得的。

总结

在大国的竞争中,货币政策始终处于核心地位。而货币政策对中国比对历史上任何一个国家都更重要,因为中国的崛起是以其货币为基础的。这一方面得益于技术进步:金钱在几秒钟内就能周游世界,只要在电子系统中按动按键,货币政策就能保家卫国,就像昔年的中国长城,但它也能引起全球危机。另一方面,这是中国特色的道路:中国是第一个不靠武力而只靠经济合作崛起的世界大国,物力取代武力。与冷战时代的前苏联不同,北京不必担心遭受核大国美国的攻击,相反,正当中国崛起的时候,美国人从远方撤回了他们的军队。这是有道理的,美国是通过 20 世纪上半叶的两次世界大战赢得了霸权地位,它两次赶去帮助当年的世界霸主英国对付德国人,同时壮大了自己。但是从那以后,战争给美国带来的好处越来越少,在朝鲜、越南、伊拉克乃至阿富汗,结果都一样,除了巨额的军费开支,美国一无所获。

2012 年美国总统贝拉克·奥巴马还曾扬言"我们既来之,则安之",以此对亚洲发动政治攻势,但是这个地区的美国驻军越来不受欢迎,越来越少。何况美国自己家道败落,债台高筑,再也负担不起四通八达的全球军事网络,其他的西方国家更没有这样的财力,按现在的形势看起来,大战的时代好像已经过去了,但并不排除这个时代复辟的可能。

中国不仅没有外敌,而且自身也没有野心,这听上去令人很意外,但却是事实:中国的统治者几百年来没有做过武力征服世界的强国梦。即便是航海家郑和,他的巨大帆船比克里斯托弗·哥伦布的航船大十倍,早在15世纪他就屡下西洋,到过非洲,但也丝毫没有扩张野心,在他死后,正统皇帝彻底解散了他的船队。庞大的帝国不事铺张,至今还是如此。北京最后参与的战争是20世纪下半叶的朝鲜战争和对越战争,那都不是为了扩张领土,在朝鲜是为了与美国人保持距离,在越南是为了惩罚其侵占柬埔寨。现在中国人正在缓慢而持续不断地扩充军队,但那主要是为了保障货物和矿藏运输线的畅通无阻,并在必要的时候捍卫边境安全,中国的国境线起于何处,终于何处,是有争议的,所以围绕着东海和南海各岛至今争端不断,但是不像20世纪的德国和日本,中国从未自称是没有生存空间的民族。

所以中国与此前崛起的任何一个世界大国都不同,它的力量完全来自于在国际经济竞争中取得的巨大成功,而这又得益于必要的强硬和精明的策略,其中的核心是货币政策,因为货币政策决定了出口产品的价格及其稳定,决定了竞争力,甚至决定了中国在历经200年的战乱之后何其迅速地再次成为世界大国。

迄今为止,这条道路是非常成功的。中国是世界出口冠军,是世界工厂,这个国家的外汇储备居世界第一,在所有重要国家中,它的外债最少,增长最快,它还是美国最大的债主。一切迹象都表明，中国走上这条不同寻常的道路，在今后十年内将把世界霸主美国从头号经济大国的宝座上排挤出去，即便到了那个时候，中国的人均收入还是只有美国的四分之一，还有很大的发展空间。

在历史上总是最强的国家提供世界货币，因为它有能力制定全球规则。英国作为殖民强国用英镑取代了银圆，美国又用以美元为基础的布雷顿森林体系取代了英镑的统治，我们没有理由认为中国的情况不是这样。美国人并没有为他们的霸权地位买过终生票。中国人对美元的影响已经很可观了，作为美国最大的债主，他们随时可以颠覆美元，尽管中国人也将为此付出高昂的代价，但是总比发生军事冲突强。美国承受的风险将远远超过中国，中国损失的只是它作为世界工厂在过去十年中积攒的一部分赢利，而美国人将不得不永久放弃他们的经营模式，再也不能举债度日，让全世界的人养活自己，他们将输掉自己的信用。如果真的爆发货币战争，中国将是更耐战的一方。不管怎么说，以物力取代武力争夺世界霸权总是文明时代的一大进步，而这一进步的核心是货币政策。

在21世纪的第二个十年开始的时候，2013年春天，此时形势对中国和人民币非常有利，从19世纪的历史教训中吃一堑长一智，中国人学习过程中的坎坷波折令人感慨。

学习的过程始于200年前，中国人为此付出了高昂的学费和惨痛的代价。在之前的对外贸易中中国占尽优势，积攒了大量主宰世界的银圆，致使欧洲国家出现了钱荒，于是英国人向中国偷运鸦片，让中国人用宝贵的白银交换毒品，中国没有那么多银圆为全民族的毒瘾买单，国家走到了穷途末路。鸦片贸易最终演变成严重的金融危机，险些颠覆了这个国家，皇帝们以为自己能够对全球化的强劲势头视而不见。19世纪的世界全球化的程度已经相当惊人了，不仅是鸦片的问题，拿破仑图谋欧洲霸权，把西班牙打得一蹶不振，西班牙在南美的殖民地相继独立，独立战争中断了白银的供应，中国白银紧缺，引发了声势浩大的民众起义。

货币政策的失误足以整垮一个庞大的帝国，这个教训令中国人刻骨铭心，从此他们一直处于守势，直至毛泽东时代，但即便是他，也为货币政策的独立自主付出了高昂的代价：中国经济完全与世隔绝，尽管上海自20世纪二十年代以后就是全世界最重要的金融中心之一，但在政府将银行全部收归国有之后，中国的金融业务知识遗失殆尽。

改革家邓小平实施开放政策之后，中国人开始逐步学习金融知识，他们必须从头学起，好像中风患者学习走路。他们在20世纪八十年代犯了很多错误，在艰难的摸索中，他们认识到了印钱不可随心所欲，卖不出去的东西不能买。邓小平的继任者们从亚洲危机中认识到不能借太多外债，因为说不定哪天外国人会突然要回他们的钱。

现在，从西方竞争者的过失中，中国人也有所觉悟。美国的互联网泡沫使中国认识到，金融业与实体经济相互结合也并非坏事。2008年的世界金融危机表明，摒弃美国的做法，平时留足储备，危机时采取快速、果断、大气的行动，这是大有裨益的。中国政府还注意到西方民主制度中一个足以削弱其魅力的设计缺陷，特别是美国人，他们的生活方式牺牲的是子孙的利益，也就是牺牲了没有选举权的人的利益，如今欠下这么多债务，他们以及他们的后代都不可能在国际霸权不受损失的情况下将债务减少到可以接受的程度。2008年推倒纸牌房子的也是中国人，他们公开拒绝继续向美国半国家性质的房贷机构购买美国的房地产债务，虽然中国央行行长周小川早在几年前就对风险提出过公开警告，可这个击鼓传花式的游戏中国人还是跟着玩了很久。直到大厦将倾的时候，中国投资有限责任公司(CIC)还入股美国投资银行摩根士丹利。可见在自负的美国人面前，中国人上当受骗的也不乏其人。

美国越衰落，中国的高层政治家们越能看清美国人在这几十年中为世界做出了什么贡献，那些依赖美元的国家都过得不错，安全、稳定、繁荣。美国经济是中流砥柱，如今这个砥柱遭到严重冲蚀，中国人更明白了他们应该怎么做才能把自己的货币升级为世界货币。最重要的条件是，中国的国民经济必须非常强大，最好是世界第一；此外要有一个让其他国家都很羡慕的市场，为了能在这个市场上推销自己的产品，那些国家会心甘情愿地交出先进的技术；中国还必须在国际贸易中扮演核心角色，最好是出口超过进口，优越的性价比足以让中国制造产品征服全世界，以价格战取代近距离搏斗。

中国政府现在也懂得了，除了这些前提之外，人民币发展的条件也必须得到满足：人民币应该随时能兑换成其他货币，兑换汇率可以浮动，投资机会必须大大增加，外国人使用外币随时能购买人民币国债、企业债券和股票，最好人民币能拥有一个全世界最大的债券市场，人民币与别的货币之间的兑换应该尽量少受限制。依据这个清单，中国可以制定明确的阶段计划，逐步向世界货币进发。在满足国际条件方面，中国已经取得了令人瞩目的进展，虽然这个国家的国民经济还只是世界第二，居于美国之下，但它已经是第一贸易大国，而且用人民币结算的贸易越来越多。

但是在国内还有很多事情要做。如果说之前中国的经济奇迹首先要归功于出口业的成功，那么现在必须要加强国内消费了，危机重重的西方需求锐减,中国再也不能依赖西方市场。扩大内需的核心又是货币政策。到现在为止,人民币最大的优势也只是长期的稳定,还不能自由交易,投资机会实在太少。中国的债券市场其实只不过是一个向国有企业分发储蓄的管理僵化的机构,改变这种现状是新政府必须完成的艰巨任务。人民币崛起的速度已经不再取决于中国在国际上的成功,而要看中国的高层政治家们如何制定内政路线,问题的关键不在于改革的方向,而在于速度。2012年秋天召开的十八大的报告中也强调:"必须更加尊重市场规律,更好发挥政府作用",政府发挥作用的目标也很明确:现代金融体系应该"促进宏观经济稳定",并且"支持实体经济发展"。可以想象,关于改革速度还会有很多不同意见,但是内需亟待刺激,要实现这个目标,再没有比金融体系现代化更有效的途径了。

如果说在过去十年中,政府在开放金融市场方面还是犹豫不决,徘徊不前,那么今后十年中中国就更要在这方面加快步伐向前挺进了。新一届政府完全能够胜任这个使命,总之,人民币开放可能会加快步伐,进展比预期更快。

虽然中国的发展速度往往超过西方的估计,但是在今后十年内人民币完全开放,还是显得不太可能,否则中国的出口商将会突然面临太大的压力。人民币缓慢而持续的升值对中国是有利的,进口矿藏将会减价,贸易差额将在一定程度上得到平衡,中国也没有必要再像以前一样积聚那么多的外汇储备,省下的钱可以更好地用于国内建设。

但是,也有观点强调:中国必须维持稳定。针对这种意见,中央银行严阵以待,提出三条很好的辩驳理由:第一,人民币国际化会使外部压力上升,有助于克服内部阻力实现金融体系现代化;第二,中国也需要钱;第三,中国必须提升效益,这一切综合起来,同样有利于中国的稳定,即便分开看,每一条也都很有道理。

外部压力曾经起过作用, 前总理朱镕基就曾经利用中国加入世贸组织的机会,对国有企业施加压力,迫使其提高自己的国际竞争力,这对国有企业还有些效果。中国在加入世贸组织时向全世界承诺进行金融改革, 但外部压力对金融改革并没有起到太大的促进作用。现在时机成熟了,有一个声音在说:瞧,外国人投资人民币并非坏事,让我们好好利用这额外的资金来源,进一步开放国内的金融市场。现在中国人把温州指定为试点区,让私营金融机构对成熟老化的银行业施加压力,促使其进行现代化改革。中国需要钱也是事实, 不论是企业集资还是国家集资, 国际资本都大有用武之地,而且还能疏散一部分金融风险,中国人如果自己要减少储蓄,增加消费,那就更有必要吸收更多的国际资本。如果中国严格遵守规则,借债有理有节,那就不会过度依赖外国。

是的,中国还必须提高效益。如果北京想保持高增长率,就必须让经济成熟起来,单纯靠低工资取胜的时代早晚要过去的。金融市场是一个显而易见的薄弱环节,如果得以改进,中国就能更有效地使用资本,首先获利的是私营企业,毕竟私营企业对增长的贡献要超过大型国有企业。

国际形势为那些致力于快速建设人民币的人说了话:美国和欧元区的货币出了大问题。英镑和美元的历史表明,只有当老牌世界货币栽了跟头的时候,新的世界货币才能崛起,最迟到2008年危机美元算是栽了跟头。

中国人本来打算一边让美元依赖自己, 一边利用美元的稳定为自己谋利,但是没能如愿。北京现在坐拥3万亿美元储备,其中超过 1 万亿是美国国债，谁也不知道，到了明年或后年，这些储备还能值多少钱。中国人还想联手欧元对付美元，也落空了，因为欧元现在摇晃得比美元还厉害，欧洲政治家们还有很多别的事情要操心，顾不上和中国人联手。

所以中国现在在国际上没有别的选择，必须在货币政策方面尽快自力更生。

美国人和欧洲人低估了这种发展趋势将给美元和欧元带来的后果。人民币实现可兑换以后，中国虽然并不能减少对西方的依赖，但那完全是另一种形式的依赖：中国人不会再像以前那样过于倚重出口，也不必再用大量的外汇来稳定与美元牢牢挂钩的人民币，但同时西方投资者和变幻无常的国际市场将对他们产生更大的制约。

但是他们对市场规则的影响将大大加强，当然了，就像之前的英国人和美国人，他们也会实施对自己有利的规则。如果中国人不再购买摇摆不定的国债，并且希望金融世界不再允许巨额的债务危及世界稳定，那么我们这个举债无度的时代恐怕就要结束了。也许有朝一日中国人也会像现在的美国人一样，允许自己例外，也就是说在世界各地负债累累，以满足自己的消费，但那是很久以后的后话了。

中国人暂时会支持一种多极的金融秩序，让多个肩膀分担风险，而中国作为世界上最重要的经济大国将位居首席，美国的影响将大打折扣。欧洲人将会失望地发现自己过于自负了，在一个非常不利的历史时刻创建了欧元，在这个时代，欧洲的少数人最终把控制世界多数人的权力输给了亚洲，400 年的殖民时代终于无可挽回地成了历史。

这将对我们的日常生活产生重大影响。如果人民币成了主导货币,中国人就不会再那么看重低币值了,于是中国制造产品在我们的市场上就会涨价,他们甚至再也不必因为我们不肯多付钱,就不惜付出危害环境的代价生产我们的产品。石磨蓝布工装裤的价格可能不再是 70 欧元,而是 130 欧元,工厂边上的河流也不会再是蓝色的了。虽然可能会有一部分生产被迁往邻近的东南亚国家,甚至被迁往非洲,但也只是一部分而已,因为那些小国家根本没有能力按时按质完成这么大的产量。

只要中国人同时还在拓展国内市场,外国厂家的部分迁移就不会给他们造成太大的困扰。扩大内需所需的资金部分来自于在开放的中国金融市场上活动的外国投资者,此外,人民币实现可兑换之后,中央银行不必再用这么多的外汇储备来保障人民币的价值,所以能释放一部分资金,这也可以用于扩大内需。我们现在卖给中国人的高价产品,他们将能自己生产。北京在研究开发和教育培训中投入的资金越多,我们的技术优势就越弱化。也许很快就会出现一款中国产的中档车,以其出色的性价比赢得国际竞争力。

但愿中国的市场增长足够强劲,还能为西方的中档产品保留一席之地。有一点是肯定的:不论出于什么原因,如果这个希望不能实现的话,中国政府当然是偏袒自己的国产货。即便西方出于报复减少进口中国产品,这样的威胁也将是软弱无力的,因为中国人将更多地为自己生产。

最坏的情况可能类似于美国鼎盛时期出现过的局面:人民币是中国的货币,却是我们的问题。就像美国人让我们为他们的增长付出代价,中国人将来可能也会让我们为他们的增长付出代价。新世界货币的崛起给我们西方人带来的后果可以用一句话加以总结:因为中国人不像以前那样依赖我们了,所以中国货要涨价了,在西方的购买力本来就不足的时候,这是令人很不愉快的。

我们如果想保持竞争力,就要在今后十年中付出更艰辛的努力。将来的中国会比现在更强大,对此我们要有思想准备,所以我们必须关注人民币的崛起。在今后十年中,如果事关国际游戏规则,中国将会更明确更强硬地坚持自己的立场,而我们西方人将不得不做出更大的让步。

不管怎么说,西方经济持续疲软对中国并无好处。这不同于战争,战争的目的是消灭敌人,并将敌人的利益据为己有,而经济斗争的目的要复杂得多,要让竞争对手在政治上和经济上失去独立性,同时却又要让它还有足够的钱继续购买胜利方的产品。中国在与美国的较量中就已经很接近这个目标了。中国现在已经是货币大国了,现在可以肯定的是,人民币将会成为世界货币,但是人民币是否以及什么时候能够成为主导货币,现在还不得而知。事情的进展速度将超过西方大多数人的预计:美元处于史无前例的守势,欧元尚未恢复元气,中国的政治家手握主动权,他们不会错过这个千载难逢的历史机遇。

致谢

　　每一本好书都需要谏诤，本书也不例外。没有我的同事扬·麦博姆的直言谏诤，《货币帝国》也不会这么容易得其要领。每当我的命题过于突兀，或者在我查证某些理论以及发展的研究水平并与现实相比较时，他总会凭着渊博的专业知识屡屡引导我走上正轨，他常得言简意赅地理清错综复杂的头绪，而且几乎总是成功。我与我的编辑索尼娅·班策之间的交流也不逊色，她既能将拙文加工成美文，又懂经济，这样的杂志记者在德国为数不多，她是其中之一，她凭着细腻的感觉对本书的文字做了精雕细琢。

　　当然还有马丁·格罗内迈尔，他与我合作已久，早就了解我的弱点，并知道如何加以有效的修整，他总是能在适当的时候提出适当的意见，有些意见我多么希望是我自己想到的。卡塔琳娜·门采尔博士既热情又坚定，挑灯夜读审核了本书，当她亮起绿色的灯光之时，什么也不会发生了。最后，但不是贡献最少：张玮，以一贯的能干和从容协调了整个团队。

我还要感谢所有从中国向我提供信息的朋友，他们更愿意做无名氏。

弗朗克·泽林
2013 年 1 月

（京）新登字083号

图书在版编目（CIP）数据

货币帝国／［德］泽林著；陈瑛译. —北京：中国青年出版社，2015.8

ISBN 978-7-5153-3741-8

Ⅰ.①货...　Ⅱ.①泽...②陈...　Ⅲ.①人民币—金融国际化—研究　Ⅳ.①F822

中国版本图书馆CIP数据核字（2015）第197847号

Title of the original German edition：

Author：Frank Sieren

Title：Geldmacht China. Wie der Aufstieg des Yuan Euro und Dollar schwächt

Copyright ⓒ Carl Hanser Verlag München，2013

北京市版局著作权合同登记　图字：01-2014-1646

出版发行：中国青年出版社

社　　　址：北京东四十二条21号

邮政编码：100708

网　　　址：www. cyp. com. cn

编辑电话：(010)57350508

责任编辑：李茹 liruice@163.com

门 市 部：(010)57350370

印　　　刷：三河市君旺印务有限公司

经　　　销：新华书店

开　　　本：710×1000　1/16

印　　　张：13.5

插　　　页：2

字　　　数：150千字

版　　　次：2015年10月北京第1版河北第1次印刷

定　　　价：38.00元

本图书如有印装质量问题,请凭购书发票与质检部联系调换

联系电话：(010)57350337